Italiano essenziale 1

Fundamentals of Italian

Maria Procopio-Demas

World Language Department
Newton North High School
Newton, Massachusetts

Mariastella Cocchiara

Chair, World Language Department
Melrose High School
Melrose, Massachusetts

AMSCO

AMSCO SCHOOL PUBLICATIONS, INC.
315 Hudson Street / New York, N.Y. 10013

To
Victoria Dominijanni and
Caterina Procopio,
our mothers,
who gave us love, strength and the passion for learning

Text and Cover Design by Meghan Shupe Designs
Illustrations by Felipe Galindo and by Hadel Studio

Please visit our Web site at: *www.amscopub.com*

When ordering this book, please specify *either* **R 125 W** *or*
ITALIANO ESSENZIALE 1: FUNDAMENTALS OF ITALIAN

ISBN: 978-1-56765-434-9 / *NYC Item 56765-434-8*

Printed in the United States of America

1 2 3 4 5 6 7 8 9 10   14 13 12 11 10 09

Preface

Italiano essenziale 1 has been prepared for students who are in their first year of Italian language study. It offers learners a comprehensive review and thorough understanding of the elements of the Italian language that are generally covered in a first-year course. It may be used independently for review or practice, or as a supplement to any basal textbook.

ORGANIZATION

Italiano essenziale 1 consists of 21 chapters, each organized around related grammar topics. For ease of study and use, concise and clear explanations of the grammatical concepts are followed by examples. Care has been taken to avoid complex structural elements and to present the practice exercises through contexts of daily language usage.

EXERCISES

To maximize efficiency in learning, the exercises follow the grammatical explanations and examples. In order to make the exercises meaningful and to encourage the student to use the language in real-life communication, the exercises are set in a variety of everyday settings. Many of the exercises are also personalized to stimulate original student response.

VOCABULARY

The vocabulary in this book consists of words most frequently found in a first-year Italian course. When more extensive or broader vocabulary is used in an exercise, a section entitled **PER ESPRIMERSI MEGLIO** appears before that exercise. An Italian-English vocabulary also appears at the end of the book.

FLEXIBILITY AND OTHER FEATURES

The topical organization and the concise explanations followed by examples in each chapter permit the teacher to follow any sequence suitable to the needs of the students and the objectives of the course. This flexibility is facilitated by the detailed table of contents at the front of the book. The Appendix features complete model verb tables and the principal parts of common irregular verbs covered in the book, as well as basic rules of syllabication, punctuation, and pronunciation. Both students and teachers will find the layout and organization of the book easy to follow. Its design is intended to facilitate communicative use of the language while ensuring that students master the basic structures of the language.

The Authors

Contents

CHAPTER 1
Nouns

1. Gender of Nouns

a. In Italian all nouns fall into two categories: masculine (*maschile*) and feminine (*femminile*). Generally,

- masculine nouns end in -*o*.
- feminine nouns end in -*a*.

b. Nouns that end in -*e* can be either masculine or feminine and will have to be studied and remembered as such.

EXAMPLES:

madre = *mother* (feminine)
padre = *father* (masculine)
parete = *wall* (feminine)
fiore = *flower* (masculine)
classe = *class* (feminine)

c. Some nouns that end in -*e* in the masculine change to -*essa* in the feminine.

EXAMPLES:

studente → **studentessa**
professore → **professoressa**
dottore → **dottoressa**

d. Most nouns that end in -*zione* are feminine.

lezione
operazione
porzione
stazione

2. Plural of Nouns

a. Nouns can be singular (when they refer to one person or thing), or plural (when they refer to more than one person or thing). To form the plural of nouns, change the last vowel of the noun as shown in the following table.

SINGULAR	PLURAL
-a	-e
-o	-i
-e	-i

EXAMPLES: scuol*a*   →   scuol*e*
          libr*o*   →   libr*i*
          professor*e* →   professor*i*

b. Nouns that end in *-io* retain only one *-i* in the plural.

EXAMPLES: eserciz*io* →   eserciz*i*
          uffic*io*   →   uffic*i*

c. Nouns that end in *-ca* and *-ga*, in order to retain their sound, end in *-che* and *-ghe* in the plural.

EXAMPLES: ami*ca*   →   ami*che*
          di*ga*   →   di*ghe*

d. Nouns that end in an accented vowel DO NOT change in the plural.

EXAMPLES: un caffè   →   due caffè
          una città   →   due città
          un'università →   due università

e. Nouns that end in a consonant DO NOT change in the plural.

EXAMPLES: un bar   →   due bar
          uno sport   →   due sport
          un film   →   due film

EXERCISE A   **I nomi**   Indicate whether each noun is masculine or feminine.

EXAMPLE: **Masculine**   **Feminine**

penna   _____✓_____   _____

               Masculine   **Feminine**

1. lavagna   _____   _____

2. banco   _____   _____

3. quaderno   _____   _____

	Masculine	**Feminine**
4. matita	_____	_____
5. lezione	_____	_____
6. madre	_____	_____
7. professore	_____	_____
8. studente	_____	_____
9. dottoressa	_____	_____
10. direzione	_____	_____

EXERCISE B   **Cambiamo.**   Change each noun from masculine to feminine or from feminine to masculine.

EXAMPLE: tavolo   **tavola**

1. bambino   _____

2. cugina   _____

3. amico   _____

4. vicino   _____

5. studente   _____

6. professoressa   _____

7. segretaria   _____

8. compagno   _____

9. nonna   _____

10. dottoressa   _____

EXERCISE C   **Uno o due?**   Indicate whether each noun is singular or plural.

EXAMPLE:	**Singular**	**Plural**
casa	_____✓_____	_____

	Singular	**Plural**
1. compiti	_____	_____

	Singular	**Plural**
2. pagina	_____	_____
3. amici	_____	_____
4. padri	_____	_____
5. studentesse	_____	_____
6. aula	_____	_____
7. cartelle	_____	_____
8. lavagna	_____	_____
9. cestini	_____	_____
10. padre	_____	_____

EXERCISE D   **Il plurale.**   Give the plural form of the following nouns.

EXAMPLE: una casa   **due case**

1. un ragazzo _____

2. una donna _____

3. un giorno _____

4. una matita _____

5. un giornale _____

6. un computer _____

7. un orologio _____

8. una classe _____

9. un papà _____

10. una madre _____

11. un'amica _____

12. uno zaino _____

13. una cartella _____

14. una casa _____

15. un edificio _____

16. una città   _____

17. uno sport   _____

18. un caffè   _____

19. un amico   _____

20. un compito   _____

CHAPTER 2
Articles

1.   Indefinite Articles

The indefinite articles (a, an) are *un, uno, una*.

MASCULINE	FEMININE
un libro uno zaino	una ragazza un'amica

Un is used in front of masculine singular nouns.

Uno is used in front of masculine singular nouns that begin with *s-* + another consonant (*sc, st, sc*) or *z*.

Una is used in front of feminine singular nouns.

Una becomes **un'** in front of a feminine noun which begins with a vowel.

| EXERCISE A | **Quale usare?**   Write the appropriate indefinite article in front of each noun.

EXAMPLE: _____ anatra   **un'**anatra

1. _____ ragazza

2. _____ libro

3. _____ ragazzo

4. _____ zaino

5. _____ matita

6. _____ penna

7. _____ lavagna

8. _____ stadio

9. _____ alunno

10. _____ parete

11. _____ studente

12. _____ padre

13. _____ foglio

14. _____ carta geografica

15. _____ dizionario

16. _____ finestra

17. _____ alunna

18. _____ scuola

19. _____ madre

20. _____ americano

21. _____ amica

22. _____ donna

23. _____ studio

24. _____ bar

25. _____ italiana

26. _____ ristorante

27. _____ classe   29. _____ banco

28. _____ zero   30. _____ amico

EXERCISE B   **Il mio liceo**   Complete this paragraph by writing the correct indefinite article in each blank.

Michela è _____ studentessa di Newton. Lei frequenta _____ liceo molto grande, frequenta
         1.   *2.*

la seconda liceo. Michela ha _____ amica che si chiama Giuliana. Loro hanno _____ classe
                      3.   *4.*

insieme, la classe di matematica. Nel liceo c'è _____ aula magna dove danno i concerti,
                                      5.

_____ piscina per nuotare e _____ mensa molto grande dove il cibo non è buono. C'è anche
  6.   *7.*

_____ stadio per gli sport. Le due amiche lavorano molto a scuola ma questo pomeriggio
  8.

vanno a vedere _____ film e dopo mangiano _____ pizza insieme.
          9.   *10.*

EXERCISE C   **Comincia la scuola!**   Write the Italian of the words in parenthesis to tell the items you brought to class.

EXAMPLE: Io ho **una carta geografica**. (a *map*)

1. Io ho _____ . (a *book*)

2. Io ho _____ . (a *pencil*)

3. Io ho _____ . (a *pen*)

4. Io ho _____ . (a *backpack*)

5. Io ho _____ nuovo. (a *notebook*)

6. Io ho _____ . (a *folder*)

7. Io ho _____ interessante. (a *dictionary*)

8. Io ho _____ . (an *eraser*)

2.   Definite Articles

a. The definite article (the) has the following forms in Italian.

SINGULAR	PLURAL
il	i
lo	gli
l'	
la	le

b. The definite article agrees in gender and number with the noun it modifies.

Singular Forms

il	before masculine nouns	**il libro**
lo	before masculine nouns that begin with s + a consonant or z	**lo zaino, lo studente**
l'	before nouns that begin with a vowel	**l'amico, l'amica**
la	before feminine nouns that begin with a consonant	**la ragazza**

Plural Forms

i	before masculine nouns	**i libri**
gli	before masculine nouns that begin with s + a consonant or z	**gli zaini, gli studenti**
gli	before masculine nouns that begin with a vowel	**gli amici**
le	before feminine plural nouns	**le ragazze**

EXERCISE D   **La forma femminile**   Write the appropriate definite article in front of each noun.

EXAMPLE: _____ aula   l'aula

1. _____ ragazza	6. _____ alunne	11. _____ parete	16. _____ classe
2. _____ amica	7. _____ donna	12. _____ città	17. _____ classi
3. _____ amiche	8. _____ signora	13. _____ madre	18. _____ lezione
4. _____ bambina	9. _____ riviste	14. _____ scuola	19. _____ Italia
5. _____ bambine	10. _____ finestra	15. _____ arte	20. _____ America

---

EXERCISE E   **La forma maschile**   Write the appropriate definite article in front of each noun.

EXAMPLE: _____ tappeto   il tappeto

1. _____ libro	6. _____ padre	11. _____ zoo	16. _____ banco
2. _____ uomo	7. _____ studente	12. _____ alunno	17. _____ dizionari
3. _____ giornale	8. _____ amico	13. _____ alumni	18. _____ pennarelli
4. _____ quaderni	9. _____ ragazzi	14. _____ italiano	19. _____ zero
5. _____ zaino	10. _____ amici	15. _____ americani	20. _____ animali

EXERCISE F   **Hai capito?**   In your own words, tell when you use the following definite articles. Include a noun for each article.

EXAMPLE: **le**   Noi mangiamo **le pizze**.

1. Il _____

2. lo _____

3. la _____

4. l' _____

5. i _____

6. gli _____

EXERCISE G   **Forme geometriche**   Place each of the nouns below in the appropriate geometric shape, based on the matching definite article. Circles are singular; squares are plural.

il   **lo**   **la**   **l'**

i   **gli**   **le**

giornale	italiani	aula	parete	banchi
cattedra	bambine	stadio	americani	bambini
bandiera	studente	zeri	inglese	amiche
amica	studio	studentesse	padre	anni
finestra	classe	madre	carta	amico
erba	zaini	uomo	penne	fiore
amici	zebra	casa	matite	

EXERCISE H | **Il plurale!** Write the plural form of the following nouns. Remember to make the articles plural, too.

EXAMPLE: il giorno **i giorni**

1. il bambino _____
2. l'ospedale _____
3. la casa _____
4. l'amico _____
5. la bambina _____
6. l'aula _____
7. lo stadio _____
8. il padre _____
9. l'indirizzo _____
10. lo studente _____

11. l'italiano _____
12. la zia _____
13. il libro _____
14. la classe _____
15. la lezione _____
16. il caffè _____
17. l'orologio _____
18. la cucina _____
19. il quaderno _____
20. lo studio _____

EXERCISE I | **Non trovo niente.** Your friend Roberto is distracted and can't find anything. You can help him by completing his questions with a definite article.

EXAMPLE: Dov'è **il** telefonino? È qui.

1. Dov'è _____ penna? È qui.
2. Dov'è _____ zaino? È qui.
3. Dove sono _____ libri? Sono qui.
4. Dov'è _____ agenda? È qui.
5. Dov'è _____ matita? È qui.
6. Dov'è _____ sedia? È qui.
7. Dove sono _____ riviste? Sono qui.
8. Dove sono _____ studenti? Sono qui.
9. Dove sono _____ compiti? Sono qui.
10. Dov'è _____ orario? È qui.

CHAPTER 3
Adjectives

1. Agreement of Adjectives and Nouns

a. In Italian, adjectives usually follow the nouns to which they refer. Some exceptions are noted below. Adjectives also agree in gender (masculine/feminine) and number with the nouns they describe.

EXAMPLES: **la penna rossa** — *the red pen*

Il ragazzo simpatico — *the nice boy*

i fiori profumati — *the fragrant flowers*

le lasagne deliziose — *the delicious lasagna*

b. As with nouns, the most common singular endings for adjectives are:

-o masculine

-a feminine

-e either masculine or feminine

2. Plural Form of Adjectives

The plural endings of adjectives are the same as those used for nouns. Change the last vowel of the adjective according to the following table to make the plural form.

SINGULAR	PLURAL
-a	-e
-o	-i
-e	-i

3. Commonly Used Adjectives

Here are some commonly used adjectives and their opposites.

alto	*tall*	**basso**	*short*
bello	*beautiful*	**brutto**	*ugly*
buono	*good*		
bravo	*good, well done*	**cattivo**	*bad*
caldo	*hot*	**freddo**	*cold*
caro	*expensive, dear*	**economico**	*inexpensive*
comodo	*comfortable*	**scomodo**	*uncomfortable*

contento *content, happy*	**triste** *sad*
diligente *diligent*	**svogliato** *unmotivated*
facile *easy*	**difficile** *difficult*
forte *strong, cool*	**debole** *weak*
giovane *young*	
nuovo *new*	**vecchio** *old*
grande *big*	**piccolo** *small*
interessante *interesting*	**noioso** *boring*
libero *free, available*	**occupato** *busy, occupied*
pigro *lazy*	**energico** *energetic*
ricco *rich*	**povero** *poor*
serio *serious*	**spiritoso** *entertaining*
simpatico *nice, pleasant*	**antipatico** *unpleasant*
vicino *near*	**lontano** *far*

NOTE: Adjectives referring to **beauty (bello/brutto), age (giovane/vecchio), number (primo/ultimo), goodness (buono/cattivo),** and **size (grande/piccolo)** precede the noun.

> **EXAMPLES:**   Questa è una **bella** casa.
>
> Il **primo** compito è lungo.
>
> Questo è un **bravo** ragazzo.

4.   Adjectives of Nationality

Adjectives of nationality follow the noun. If other adjectives are present in the description, they come after the nationality.

EXAMPLE: Rocco è uno studente **italiano divertente.**

NOTE: Adjectives of nationality are not capitalized in Italian.

italiano *Italian*	**messicano** *Mexican*
giapponese *Japanese*	**africano** *African*
americano *American*	**russo** *Russian*
canadese *Canadian*	**francese** *French*
slavo *Slavic*	**greco** *Greek*
tedesco *German*	**polacco** *Polish*
europeo *European*	**spagnolo** *Spanish*
cinese *Chinese*	**sudamericano** *South American*
inglese *English*	**braziliano** *Brazilian*
irlandese *Irish*	**svizzero** *Swiss*
indiano *Indian*	

EXERCISE A   Describe the following people using the correct form of the adjective indicated.

EXAMPLE: (*short*)   Carlotta e Daniela sono **basse**.

1. (*tall*)   Marco è _____ .

2. (*funny*)   Maria è _____ .

3. (*serious*)   La professoressa è _____ .

4. (*diligent*)   Simona è _____ .

5. (*lazy*)   Andrea e Simone sono _____ .

6. (*young*)   Noi siamo _____ .

7. (*happy*)   I genitori sono _____ .

8. (*comfortable*) Tina è _____ .

9. (*pleasant*)   Teresa e Caterina sono _____ .

10. (*busy*)   Voi siete _____ .

EXERCISE B   **I miei amici.**   Use at least three adjectives from the list in Section 3 to describe five of your classmates.

EXAMPLE: Jennifer è **bella, simpatica, e diligente.**

_____ è _____ .

_____ è _____ .

_____ è _____ .

_____ è _____ .

_____ è _____ .

EXERCISE C   **Non sono d'accordo!**   Your friend is not in an agreeable mood today. She says the opposite of everything you say.

EXAMPLE: TU: Questa sedia è **comoda.**
            LEI: Non sono d'accordo, questa sedia è **scomoda.**

1. TU: La classe di matematica è interessante.

   LEI: _____ .

2. TU: L'inglese è facile.

   LEI: _____ .

3. TU: Margherita è diligente.

   LEI: _____ .

4. TU: La preside è giovane.

   LEI: _____ .

5. TU: Questa scuola è grande.

   LEI: _____ .

6. TU: Antonio è simpatico.

   LEI: _____ .

7. TU: Gli amici sono occupati la sera.

   LEI: _____ .

8. TU: Rocco è forte.

   LEI: _____ .

EXERCISE D   **Dove abitano?**   State the nationality of each of the following people.

EXAMPLE: Caterina abita a Roma, lei è **italiana.**

1. Io abito a Boston, io sono _____ .

2. Sylvia abita in Parigi, lei è _____ .

3. John abita a Londra, lui è _____ .

4. Raul abita a Città del Messico, lui è _____ .

5. Vasilius abita ad Atene, lui è _____ .

6. Olga abita a Mosca, lei è _____ .

7. Melanie abita a Rio de Janeiro, lei è _____ .

8. Juliana abita a Madrid, lei è _____ .

9. Oscar e Mario abitano a Toronto, loro sono _____ .

10. Ingrid abita a Francoforte, lei è _____ .

EXERCISE E   **I miei antenati** *(my ancestors)*   State the nationality of your ancestors.

1. La famiglia di mia madre è di origine. _____ .

2. La famiglia di mio padre è di origine. _____ .

EXERCISE F   **In italiano!**   Translate the adjectives and nouns into Italian.

EXAMPLE: **This is** *an old French wine.*   Questo è un vecchio vino francese.

1. **Io ho** *a small green backpack.*

   _____

2. **Lei è** *a good student.*

   _____

3. **Boston è** *a beautiful American city.*

   _____

4. **Roma è** *an old Italian city.*

   _____

5. **Io ho** *a new German car.*

   _____

6. **Carlo è** *a tall and handsome Italian boy.*

   _____

7. **Io sono** *a good Italian student.*

   _____

8. **Toronto è** *a modern Canadian city.*

   _____

9. **Luis è** *a nice South American friend.*

   _____

10. **Atene è** *an ancient Greek city.*

    _____

EXERCISE G   **Gli Opposti.**   Use the opposite of the adjectives listed below to solve the
following crossword puzzle.

Orizzontali

6. occupato
9. ricco
11. grande
12. interessante
13. diligente
15. forte
16. giovane
17. economico
18. difficile

Verticali

1. comodo
2. spiritoso
3. energico
4. bello
5. antipatico
7. buono
8. alto
10. vicino
14. contento

CHAPTER 4
Subject Pronouns; Present Tense of the Irregular Verb *ESSERE*

1.   Subject Pronouns

Subject pronouns are used to indicate the subject of the verb. They are used in place of a noun.

io	I (*use it to refer to yourself*)
tu	you—familiar singular (*use it when speaking to someone you know well, or someone younger than you*)
lui	he/it (*use it when speaking about a boy or a masculine noun*)
lei	she/it (*use it when speaking about a girl or a feminine noun*)
Lei	you—formal singular (*use it when speaking to someone older than you, or someone you don't know well*)
noi	we (*use it when speaking about yourself and other people*)
voi	you—familiar plural (*use it when speaking to a group of people you know well*)
loro	they (*use it when speaking about a group of people*)
Loro	you—formal plural (*use it when speaking to a group of people older than you, or people you do not know well*)

NOTE: The table below shows another way of looking at the subject pronouns. It will help you understand how the pronouns relate to each other.

	SINGULAR		PLURAL
io	*I*	**noi**	*we*
tu	*you* (familiar)	**voi**	*you* (familiar)
lui	*he*	**loro**	*they*
lei	*she*		
Lei	*you* (formal)	**Loro**	*you* (formal)

EXERCISE A	**I pronomi** Which subject pronoun would you use in the following situations?

EXAMPLE: You meet your mother's boss.   **Lei**

1. You meet your friend in the corridor.   _____

2. You want to tell the teacher something about yourself.   _____

3. You are talking about a boy you just met.   _____

4. You are talking about yourself and your friend.   _____

5. You are talking about your best friends Simona and Carla.   _____

6. You see your math teacher in the corridor.   _____

7. You tell a story about your dad and your sister.   _____

8. You talk to your class.   _____

9. You talk to your grandparents.   _____

10. You talk about your friend Carlo.   _____

| EXERCISE B | **Ancora pronomi!**   Which pronoun would you use to replace the underlined words? Write complete sentences. |

EXAMPLE: <u>Carlotta</u> è diligente.   **Lei è diligente.**

1. <u>Tu e Teresa</u> siete in classe.

   _____

2. <u>Io e Stella</u> siamo amiche.

   _____

3. <u>I ragazzi</u> sono buoni.

   _____

4. <u>Domenico</u> è un ragazzo alto.

   _____

5. <u>Sonia</u> è un'amica.

   _____

6. <u>Il libro</u> è qui.

   _____

7. <u>La sedia</u> è nuova.

   _____

8. <u>Elisa e Tania</u> sono qui.

   _____

9. <u>Io e lei</u> siamo colleghe.

   _____

10. <u>Le amiche</u> studiano insieme.

   _____

EXERCISE C   Qual è?   Write the pronouns in Italian.

1. The 3rd plural pronoun _____

2. The 1st singular pronoun _____

3. The 2nd plural pronoun _____

4. The 1st plural pronoun _____

5. The 3rd singular pronoun _____

6. The 2nd singular pronoun _____

EXERCISE D   Ripasso   Write the subject pronouns in Italian.

1. I _____

2. You (singular) _____

3. He _____

4. She _____

5. You (formal singular) _____

6. We _____

7. You (plural) _____

8. They _____

9. You (formal plural) _____

2.   Present Tense of the Irregular Verb ESSERE *(to be)*

The forms of the verb *essere* are irregular and must be memorized.

SINGULAR		PLURAL	
io sono	I am	noi siamo	we are
tu sei	you are (familiar)	voi siete	you are (familiar)
lui è	he is	loro sono	they are
lei è	she is		
Lei è	you are (formal)	Loro sono	you are (formal)

EXERCISE E   Essere   Complete each sentence with the correct form of the verb *essere*.

EXAMPLE: Le case **sono** grandi.

1. Io _____ una ragazza alta.

2. Voi _____ buoni amici.

3. Loro _____ americani.

4. Io e Michele _____ in classe.

5. Lei _____ intelligente.

6. Tu e Fabia _____ italiane.

7. I ragazzi _____ buoni.

8. Il libro _____ piccolo.

9. La mamma _____ gentile.

10. Luigi e Simone _____ fratelli.

EXERCISE F   **Non trovo niente!**   Your friend is distracted and asks you where things are. Answer her that everything is here (*qui*).

EXAMPLE: Dov'è la penna?   La penna **è** qui.

1. Dove sei tu adesso? _____

2. Dov'è il libro ? _____

3. Dove sono gli amici? _____

4. Dove siete tu e Carlo? _____

5. Dove sono i pennarelli? _____

6. Dov'è lo zaino ? _____

7. Dove sono i compiti? _____

8. Dov'è la professoressa? _____

9. Dove sono le ragazze? _____

10. Dov'è il cestino? _____

EXERCISE G   **Come si dice?**   Translate into Italian.

1. I am here.

   _____

2. They are friends.

   _____

3. He is in class.

   _____

4. We are intelligent.

   _____

5. The students are funny.

   _____

6. Susanna is Italian.

   _____

7. The teacher is nice.

   _____

8. You (guys) are tired.

   _____

9. You and I are athletes.

   _____

10. Gina and Tanya are interesting.

    _____

3.   Expressions *c'è, ci sono, ecco*

c'è *there is*	**ci sono** *there are*
non c'è *there isn't*	**non ci sono** *there aren't*

ecco   *here it is/there it is/here are/there are*
(This expression is used when the item is in your presence.)

EXERCISE H   **Non c'è!**   Say whether or not these items/people/animals are in your classroom.

Example: La mamma   **Non c'è** la mamma in classe.

1. una finestra

   _____

2. molti amici

   _____

3. una carta geografica

   _____

4. un cane

   _____

5. banchi sporchi

   _____

6. un dizionario

   _____

7. una bandiera italiana

   _____

8. una bandiera americana

   _____

9. due porte

_____

10. i topi

_____

| **EXERCISE I** | **Aiuto!** You are running late and your mom helps you get ready for school. |

Example: tu: Dov'è lo zaino?
            mamma: **Ecco lo zaino.**

1. tu: Dov'è il libro d'inglese?

   mamma: _____

2. tu: Dove sono i compiti?

   mamma: _____

3. tu: Dove sono le scarpe (*shoes*)?

   mamma: _____

4. tu: Dov'è l'agenda?

   mamma: _____

5. tu: Dov'è il cellulare?

   mamma: _____

6. tu: Dov'è la chiave (*key*) di casa?

   mamma: _____

7. tu: Dov'è l'orologio?

   mamma: _____

8. tu: Dove sono i pennarelli?

   mamma: _____

CHAPTER 5
Numbers

1.   Cardinal Numbers

0	zero	21	ventuno	300	trecento
1	uno	22	ventidue	900	novecento
2	due	23	ventitré	1.000	mille
3	tre	24	ventiquattro	2.000	duemila
4	quattro	25	venticinque	10.000	diecimila
5	cinque	26	ventisei		
6	sei	27	ventisette		
7	sette	28	ventotto		
8	otto	29	ventinove		
9	nove	30	trenta		
10	dieci	40	quaranta		
11	undici	50	cinquanta		
12	dodici	60	sessanta		
13	tredici	70	settanta		
14	quattordici	80	ottanta		
15	quindici	90	novanta		
16	sedici	100	cento		
17	diciassette	105	centocinque		
18	diciotto	112	centododici		
19	diciannove	130	centotrenta		
20	venti	200	duecento		

NOTES: **a.** *Uno* agrees in gender with the noun it modifies and it follows the forms of the indefinite articles (*un / uno / una / un'*).

b. From *venti* to *novanta*, the last vowel is dropped when adding *-uno* and *-otto*.

c. From *venti* on, whenever *tre* is added, the last vowel is accented.

d. *Cento* (100) and *mille* (1.000) do not need to be preceded by the indefinite article *uno*.

EXAMPLES: *una* **casa**   *one house*

un **amico**   *one friend*

***trentuno* banchi**   *thirty-one desks*

***quarantatrè* anni**   *forty-three years*

***cinquantotto* libri**   *fifty-eight books*

***cento* invitati**   *one hundred guests*

| **EXERCISE A** | **Facciamo un inventario!**   While taking inventory at a bookstore, you count the following items. Write out each number in Italian. |

EXAMPLE: (23)   **ventitrè** riviste italiane

1. (25) _____ dizionari inglesi

2. (68) _____ rigati

3. (94) _____ diari scolastici

4. (100) _____ matite rosse

5. (81) _____ penne blu

6. (67) _____ calendari

7. (32) _____ libri di matematica

8. (58) _____ zaini neri

9. (15) _____ cartelle

10. (23) _____ scatole di pennarelli

| **EXERCISE B** | **Cosa c'è in classe?**   Look around the classroom and list 10 items you see. Begin each sentence with *c'è* or *ci sono*. Make all necessary agreements. |

EXAMPLES: **C'è** un orologio.   *There is a clock.*
            Ci sono due porte.   *There are two doors.*

1. _____ .

2. _____ .

3. _____ .

4. _____ .

5. _____ .

6. _____ .

7. _____ .

8. _____ .

9. _____ .

10. _____ .

EXERCISE C   **Un po' di matematica.**   Solve the following crossword puzzle by solving the math problems.

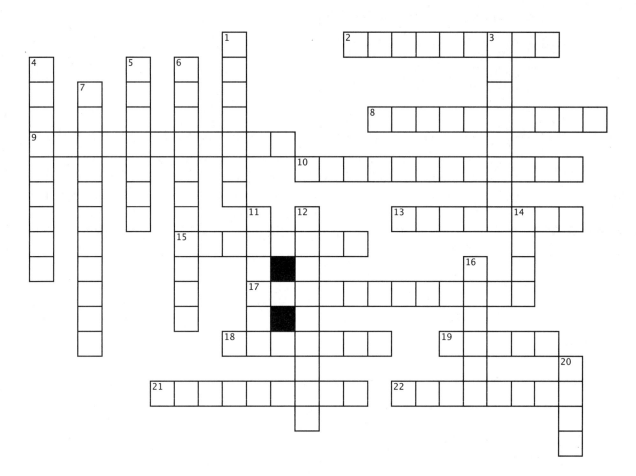

Orizzontali

2. Sei per sei fa
8. Nove per tre fa
9. Trentatrè più quindici fa
10. Sette per sette fa
13. Otto per cinque fa
15. Sei per tre fa
17. Trentaquattro più quindici fa
18. Tredici più otto fa
19. Cinque più cinque fa
21. Trenta più venti fa
22. Ventinove meno undici fa

Verticali

1. Cento diviso venticinque fa
3. Settanta meno dieci fa
4. Sessantasei meno sedici fa
5. Quindici per sei fa
6. Venti meno sei fa
7. Sette per due fa
11. Quarantacinque diviso nove fa
12. Nove per nove fa
14. Tre per tre fa
16. Sei per due fa
20. Settantadue diviso otto fa

2. Ordinal Numbers

1st	**primo**	6th	**sesto**
2nd	**secondo**	7th	**settimo**
3rd	**terzo**	8th	**ottavo**
4th	**quarto**	9th	**nono**
5th	**quinto**	10th	**decimo**

NOTES: 1. From 11th on, drop the last vowel of the cardinal number and add
-esimo (*undicesimo, ventesimo, cinquantanovesimo, . . .*)

2. Ordinal numbers behave like adjectives and agree with the nouns they modify.

EXERCISE D   **Un po' di storia!**   Fill in the ordinal number in Italian for each of these famous people in history.

1. Henry VIII   Enrico   _____

2. Elizabeth II   Elisabetta   _____

3. Louis XIV   Luigi   _____

4. Paul VI   Paolo   _____

5. John XXIV   Giovanni   _____

3. Days, Months, Seasons, and Dates

I GIORNI DELLA SETTIMANA	I MESI DELL'ANNO	LE STAGIONI
lunedì	gennaio	la primavera
martedì	febbraio	l'estate
mercoledì	marzo	l'autunno
giovedì	aprile	l'inverno
venerdì	maggio	
sabato	giugno	
domenica	luglio	
	agosto	
	settembre	
	ottobre	
	novembre	
	dicembre	

a. Days, month, and seasons are not capitalized (except at the beginning of a sentence). Cultural note: In Italian calendars, the first day of the week is Monday.

b. The Italian equivalent of the preposition *on* is not used before the day of the week.

Parto per l'Italia **sabato**.   *I am leaving for Italy on Saturday.*

c. When the day of the week is preceded by an article, it expresses the meaning "every."

Gioco a calcio **il martedì**.   *I play soccer every Tuesday.*

d. The preposition *a* is used when referring to a month.

Comincio l'università **a settembre**.   *I begin college in September.*

e. The preposition *in* is commonly used when referring to a season. *Di (d')* can also be used.

Fa molto freddo **in** inverno.
Fa molto freddo **d'**inverno.   *It is very cold in winter.*

f. Dates are expressed with the day first, followed by the month, then the year. Only the first day of the month is expressed as an ordinal number.

EXAMPLES: **dodici giugno millenovecentosessantaquattro**   12 giugno, 1964
(June 12, 1964)

primo settembre duemilaquattro   1 settembre, 2004
(September 1, 2004)

NOTE: Unlike English, Italian expresses years only in thousands and hundreds.

EXPRESSIONS	
Che giorno è oggi?	*What day of the week is today?*
Oggi è mercoledi.	*Today is Wednesday.*
Qual è la data di oggi?	*What's today's date?*
In che mese siamo?	*What month are we in?*
Siamo a settembre.	*We're in September.*
In che stagione siamo?	*What season are we in?*
Siamo in autunno.	*We are in fall. (It's fall.)*

EXERCISE E	**Il viaggio di Angelo** Based on the information from Angelo's calendar, write in Italian what day and date he will be in each city.

AUGUST						
Monday	**Tuesday**	**Wednesday**	**Thursday**	**Friday**	**Saturday**	**Sunday**
6	7	8	9	10	11	12
Boston	Milano	Venezia	Ferrara	Firenze	Urbino	Ancona

EXAMPLE: **Boston, lunedì, 6 agosto**

1. _____

2. _____

3. _____

4. _____

5. _____

6. _____

EXERCISE F	**Qual è la data di oggi?** Write the complete date in Italian.

EXAMPLE: Thursday, June 11   **Oggi è giovedì, undici giugno**

1. Monday, January 3rd   _____

2. Tuesday, March 15th   _____

3. Wednesday, May 1st   _____

4. Thursday, July 10th   _____

5. Friday, September 18th   _____

6. Saturday, October 20th   _____

7. Sunday, December 31st   _____

EXERCISE G   **Quando si festeggia?**   Tell when the following holidays are celebrated.

EXAMPLE: Natale   12/25   Celebriamo il **Natale** il **venticinque dicembre**.

1. Capodanno   1/1

_____

2. San Valentino   2/14

_____

3. la befana   1/6

_____

4. la festa della donna   3/8

_____

5. la festa dell'indipendenza degli Stati Uniti   7/4

_____

6. la festa della repubblica in Italia   6/2

_____

7. ferragosto   8/15

_____

8. la festa del papà in Italia   3/19

_____

EXERCISE H   **Abbiniamoli!**   Match each holiday with the date it is celebrated in the United States.

1. _____ La festa della mamma   a. La seconda domenica di maggio

2. _____ Il giorno del ringraziamento   b. Il quarto giovedì di novembre

3. _____ Il giorno del lavoro   c. Il trentuno ottobre

4. _____ La scoperta dell'America   d. La seconda domenica di giugno

5. _____ La festa del papà   e. Il dodici ottobre

6. _____ Halloween   f. Il primo lunedì di settembre

| **EXERCISE I** | **Le quattro stagioni.**   Identify the season for each of the following months. |

EXAMPLE: Marzo è in **inverno**.

1. Luglio è in _____ .

2. Ottobre è in _____ .

3. Febbraio è in _____ .

4. Agosto è in _____ .

5. Aprile è in _____ .

6. Maggio è in _____ .

7. Gennaio è in _____ .

| **EXERCISE J** | **Guarda il calendario.**   Look at today's calendar and answer the following questions. |

1. Che giorno è oggi?   _____

2. Qual è la data di oggi?   _____

3. In che mese siamo?   _____

4. In che stagione siamo?   _____

| **EXERCISE K** | **Una rima**   Read this popular saying and answer the questions that follow. |

> TRENTA GIORNI HA SETTEMBRE
> CON APRILE, GIUGNO E NOVEMBRE,
> DI VENTOTTO CE N'È UNO,
> TUTTI GLI ALTRI NE HANNO TRENTUNO

1. Quali mesi hanno trenta giorni?   _____

2. Quanti giorni ha febbraio?   _____

3. Quanti giorni hanno gli altri sette mesi?   _____

4. There is a similar rhyme in English. Can you write it?

_____

_____

_____

EXERCISE L   **Divertiamoci con un cruciverba.**   Solve the following crossword puzzle.

Orizzontali

3. La stagione del mese di maggio
4. Il giorno prima di giovedì
6. L'ultimo giorno della settimana scolastica
8. La stagione del mese di ottobre
9. La stagione quando non c'è scuola
10. Il primo giorno della settimana in Italia
11. La stagione del mese di dicembre
17. Il quarto mese dell'anno
18. L'ottavo mese dell'anno
19. Il mese più corto dell'anno
20. Il quinto mese dell'anno
21. Il mese in cui si festeggia Thanksgiving

Verticali

1. L'ultimo mese di scuola
2. Il giorno dopo di mercoledì
4. Il giorno dopo di lunedì
5. L'ultimo giorno della settimana in Italia
7. Il giorno prima di domenica
10. Il settimo mese dell'anno
12. Il mese in cui c'è la festa di Cristoforo Colombo
13. Il primo mese di scuola
14. L'ultimo mese dell'anno
15. Il primo mese dell'anno
16. Il terzo mese dell'anno

4.   The Weather

Che tempo fa oggi?	*How is today's weather?*		
Fa caldo.	*It's hot.*	**Tira vento.**	*It's windy.*
Fa freddo.	*It's cold.*	**C'è sole.**	*It's sunny.*
Fa fresco.	*It's cool.*	**C'è nebbia.**	*It's foggy.*
Fa bel tempo.	*It's nice weather.*	**È nuvoloso.**	*It's cloudy.*
Fa brutto tempo.	*It's bad weather.*	**È afoso.**	*It's muggy.*
Fa tempesta.	*It's stormy.*	**È mite.**	*It's mild.*
Piove.	*It's raining.*	**È una bella giornata.**	*It's a nice day.*
Nevica.	*It's snowing.*	**È una brutta giornata.**	*It's a bad day.*

EXERCISE M   **Che tempo fa?**   Describe the weather in your city during these months.

1. A maggio _____

   _____.

2. Ad agosto _____

   _____.

3. A dicembre _____

   _____.

4. A ottobre _____

   _____.

5. A marzo _____

   _____.

EXERCISE N   **Il tempo di oggi.**   Tell how the weather is today based on the following illustrations.

EXAMPLE: Oggi fa caldo.

1. _____

2. _____

3. _____

4. _____

5. _____

6. _____

7. _____

8. _____

CHAPTER 6
Present Tense of the Irregular Verb *AVERE*

1. Present Tense of the Irregular Verb *AVERE* (*to have*)

The forms of the verb *avere* are irregular and therefore must be memorized.

SINGULAR		PLURAL	
IO HO	*I have*	**noi abbiamo**	*we have*
tu hai	*you have*	**voi avete**	*you have*
lui ha	*he has*		
lei ha	*she has*	**loro hanno**	*they have*
Lei ha	*you have (formal)*	**Loro hanno**	*you have (formal)*

2. Idiomatic Expressions with *AVERE*

Most of the following expressions are used with the verb *to be* in English, but with the verb *avere* in Italian.

avere fame	*to be hungry*
avere sete	*to be thirsty*
avere caldo	*to be hot*
avere freddo	*to be cold*
avere ragione	*to be right*
avere torto	*to be wrong*
avere sonno	*to be sleepy*
avere paura di . . .	*to be afraid of*
avere voglia di . . .	*to feel like, to be in the mood for*
avere mal di . . .	*to have an ache (body part)*
avere (15) anni	*to be (15) years old*

NOTE: The expression *io ho 15 anni* means *I am 15 years old*. In English one may omit the words *years old* and simply say *I am 15*. In Italian, the word *anni* must be included.

EXERCISE A   **Che cosa abbiamo?**   Complete each sentence with the correct form of the verb *avere*.

EXAMPLE: Rita **ha** una macchina nuova.

1. Noi _____ un libro nello zaino.

2. Io _____ molti amici.

3. Loro _____ una matita ed una penna per scrivere.

4. Io e Carlotta _____ sette classi.

5. Lei _____ molti compiti.

6. Tu e Camilla _____ dieci dollari.

7. Le ragazze _____ buoni voti.

8. Il libro _____ molte foto.

9. La mamma _____ una bella macchina.

10. Giacomo e Giulio _____ tre fratelli.

11. La casa _____ molte stanze.

12. Le città _____ molte strade.

13. Io e Caterina _____ i capelli ricci.

14. La scuola _____ aule e corridoi.

15. I computer _____ lo schermo a colori.

EXERCISE B   **Solo uno!**   Your friend forgot to bring several items and wants to borrow yours. Answer that you only have one of the items in question.

EXAMPLE: Hai una penna da prestarmi?   **No, ho solo una penna.**

1. Hai un libro da prestarmi?   _____

2. Hai una matita da prestarmi?   _____

3. Hai un dollaro da prestarmi?   _____

4. Hai un quaderno da prestarmi?   _____

5. Hai un pennarello da prestarmi?   _____

6. Hai una gomma da prestarmi?   _____

| **EXERCISE C** | **Cosa diresti?** Complete each sentence with the following expressions in Italian. Be sure to use the proper form of the verb. |

| *to be cold* | *to be hungry* | *to be thirsty* | *to need* | *to be afraid* |
| *to feel like* | *to be sleepy* | *to be right* | *to be hot* | |

EXAMPLE: Noi _____ dei topi.   Noi **abbiamo paura** dei topi.

1. Io mangio la pizza quando _____ .

2. Tu bevi la bibita quando _____ .

3. Gli studenti dormono quando _____ .

4. Noi apriamo la finestra quando _____ .

5. La mamma mette il cappotto (*coat*) quando _____ .

6. Voi _____ una penna per scrivere.

7. Dopo scuola i ragzzi _____ di giocare.

8. La mamma _____ : i giovani lavorano molto.

| **EXERCISE D** | **Quanti anni hanno?** Say how old each person is. If you are not sure, guess. |

EXAMPLE: Quanti anni ha tuo fratello?   **Lui ha 15 anni.**

1. Quanti anni ha la mamma? _____ .

2. Quanti anni ha la professoressa/il professore d'italiano? _____ .

3. Quanti anni ha il preside? _____ .

4. Quanti anni ha papà? _____ .

5. Quanti anni hai tu? _____ .

6. Quanti anni ha la tua amica? _____ .

7. Quanti anni ha tua nonna? _____ .

8. Quanti anni ha il presidente degli Stati Uniti? _____ .

EXERCISE E   **Io ho freddo.**   Describe how each person feels, using *avere* and the correct
expression. Each idiomatic expression will only be used once.

EXAMPLE: **Lui ha caldo.**

1. Lei _____

2. Noi _____

3. Tu _____

4. Noi _____

5. Loro _____

6. Io _____

EXERCISE F	**Non posso andare.** Today you are trying to convince your mother to let you stay home from school. Tell her that you have aches all over your body. Use the expression *ho mal di . . .* with various parts of the body.

EXAMPLE: Mamma, oggi non posso andare a scuola perchè **ho mal di** testa.

PER ESPRIMERSI MEGLIO
Le parti del corpo

la testa *head*	l' occhio *eye*	la schiena *back*
la gamba *leg*	la gola *throat*	lo stomaco *stomach*
l'orecchio *ear*	il dente *tooth*	il piede *foot*

_____

_____

_____

_____

CHAPTER 7
Present Tense of Regular -ARE Verbs

In Italian, all verbs belong to one of three groups (conjugations); -are, -ere, -ire, based on the last three letters of the infinitive.

EXAMPLES: parl*are*   scriv*ere*   dorm*ire*

1.   Endings for Regular -ARE Verbs

The present tense of -are verbs is formed by dropping the infinitive ending -are and replacing it with the specific ending for each subject pronoun as in the table below.

SUBJECT PRONOUNS	ENDINGS
io	-o
tu (familiar)	-i
lui/lei	-a
Lei (formal)	-a
noi	-iamo
voi (familiar)	-ate
loro	-ano
Lui (formal)	-ano

2.   Conjugating Regular -ARE Verbs

parlare to speak		
io	**parlo**	I speak, I am speaking
tu (familiar)	**parli**	you speak, you are speaking
lui/lei	*parla*	he/she speaks, he/she is speaking
Lei (formal)	**parla**	you speak, you are speaking
noi	**parliamo**	we speak, we are speaking
voi (familiar)	**parlate**	you speak, you are speaking
loro	**parlano**	they speak, they are speaking
Loro (formal)	**parlano**	you speak, you are speaking

3.   Commonly Used -ARE Verbs

abitare   *to live*   **cercare**   *to look for*

aiutare   *to help*   **chiamare**   *to call*

amare	*to love*	**cominciare**	*to begin*
arrivare	*to arrive*	**comprare**	*to buy*
ascoltare	*to listen*	**cucinare**	*to cook*
aspettare	*to wait for*	**desiderare**	*to wish, to desire*
ballare	*to dance*	**domandare**	*to ask*
camminare	*to walk*	**entrare**	*to enter, to come in*
cantare	*to sing*	**giocare**	*to play (an activity or sport)*
guardare	*to look*	**portare**	*to bring, to carry*
imparare	*to learn*	**praticare**	*to practice*
incontrare	*to meet*	**preparare**	*to prepare*
insegnare	*to teach*	**ritornare**	*to return*
invitare	*to invite*	**sperare**	*to hope*
lavare	*to wash*	**spiegare**	*to explain*
lavorare	*to work*	**studiare**	*to study*
mangiare	*to eat*	**suonare**	*to play (an instrument)*
nuotare	*to swim*	**usare**	*to use*
pagare	*to pay*	**viaggiare**	*to travel*
parlare	*to speak, to talk*	**visitare**	*to visit*
pensare	*to think*		

NOTES: 1. Verbs ending in *-iare* retain only one *i* in the *tu* and *noi* forms.

> EXAMPLES: **comin*c*iare**
> **Tu cominci.**
> **Noi cominciamo.**

2. Verbs ending in *-care* and *-gare* add an *h* in the *tu* and *noi* forms.

> EXAMPLES: **gio*care***   **pa*gare***
> **Tu gio*c*hi.**   **Tu pag*h*i.**
> **Noi gio*c*hiamo.**   **Noi pag*h*iamo.**

EXERCISE A   **Che facciamo con questi verbi?**   Conjugate the following verbs in the present tense.

	comprare		studiare		pagare
io	_____	**io**	_____	**io**	_____
tu	_____	tu	_____	tu	_____
lui/lei	_____	lui/lei	_____	lui/lei	_____
noi	_____	noi	_____	noi	_____
voi	_____	voi	_____	voi	_____
loro	_____	loro	_____	loro	_____

EXERCISE B   **Ogni verbo cambia!**   Complete each sentence with the present tense of the verb in parentheses.

1. (*parlare*)   Nella classe d'italiano noi _____ spesso.

2. (*studiare*)   La sera io _____ molto.

3. (*comprare*)   Al negozio voi _____ i vestiti.

4. (*cantare*)   Marco e Luisa _____ nel coro.

5. (*imparare*)   A scuola Marisa _____ molte cose.

6. (*praticare*)   Il pomeriggio tu e Roberto _____ lo sport.

7. (*ballare*)   Voi _____ alla festa di compleanno.

8. (*pagare*)   La mamma _____ il mio pranzo.

9. (*usare*)   Gli studenti non _____ il telefonino in classe.

10. (*invitare*)   Tu e Susanna _____ gli amici alla festa.

EXERCISE C   **È vero o non è vero?**   Change the following statements into questions using both Italian formats, then give the English translation.

EXAMPLE: Maria canta bene.

    a. **Maria canta bene?**   b. **Canta bene Maria?**   c. Does Maria sing well?

1. Tu entri in classe.

    a. _____

    b. _____

    c. _____

2. Giovanni invita l'amico.

    a. _____

    b. _____

    c. _____

3. Voi lavorate molto.

    a. _____

    b. _____

    c. _____

4. Loro portano sempre lo zaino a scuola.

   a. _____

   b. _____

   c. _____

5. I ragazzi guardano la televisione.

   a. _____

   b. _____

   c. _____

| EXERCISE D | **La mia settimana**   You are making plans for next week. Using the verbs above, write two activities for each day of the week without repetition. |

EXAMPLE: sabato   **Sabato** io ascolto la musica.

lunedì	1. _____
	2. _____
martedì	1. _____
	2. _____
mercoledì	1. _____
	2. _____
giovedì	1. _____
	2. _____
venerdì	1. _____
	2. _____
sabato	1. _____
	2. _____
domenica	1. _____
	2. _____

EXERCISE E   **Dove mangiamo?**   Say where the following people eat each day.

EXAMPLE: Il lunedì io _____ in cucina

Il lunedì io mangio in cucina.

1. Il martedi tu _____ nella mensa

   _____ .

2. Il mercoledì loro _____ nella sala da pranzo

   _____ .

3. Il giovedì Elisa _____ al ristorante

   _____ .

4. Il venerdì voi _____ al caffè

   _____ .

5. Il sabato Enrico _____ in trattoria

   _____ .

6. La domenica noi _____ dalla nonna

   _____ .

EXERCISE F   **Buon compleanno, Michele!**   Complete the following paragraph with the present tense of the verb indicated.

Oggi, come ogni giorno, Michele _____ la sua cartella per andare a
                                          1. (to prepare)

scuola. Quando lui _____ a scuola, _____ gli amici e loro
                         2. (to arrive)   *3. (to meet)*

_____ insieme alla prima lezione del giorno. Loro _____
      4. (to walk)   *5. (to enter)*

nell'aula, _____ con la loro amica Daniela e _____ Daniela
              6. (to talk)   *7. (to invite)*

a una festa per il compleanno di Michele. Alla festa, gli amici _____ e
                                                                     8. (to dance)

_____ . È una bella festa e Michele è molto contento.
   9. (to sing)

EXERCISE G   La giornata di Elena   (Speaking exercise)

Using the following pictures, tell the class what Elena does during the day.

1.

2.

3.

4.

5.

6.

7.

8.

9.

10.

CHAPTER 8
Negatives and Interrogatives

1. Negative Forms of Verbs

To make a statement negative, insert *non* before the conjugated verb.

EXAMPLE: Lei studia molto.   Lei **non** studia molto.

| EXERCISE A | **Non è vero!**   Complete the following statements and make them negative.

EXAMPLE: Marcello _____ in classe subito. (*entrare*)

Marcello **non** entra in classe subito.

1. Angela _____ la colazione. (*preparare*)

   _____ .

2. Noi _____ l'italiano a scuola. (*imparare*)

   _____ .

3. Lui _____ bene la chitarra. (*suonare*)

   _____ .

4. I ragazzi _____ l'autobus. (*aspettare*)

   _____ .

5. Tu _____ di andare in Italia. (*sperare*)

   _____ .

6. Lui _____ bene la lezione. (*studiare*)

   _____ .

7. Loro _____ tutti gli amici. (*invitare*)

   _____ .

8. In estate io _____ al mare. (*nuotare*)

   _____ .

9. Dopo scuola noi _____ a casa insieme. (*camminare*)

_____ .

10. Voi _____ tutto il weekend. (*lavorare*)

_____ .

2.   How to Ask a Question

a. To ask a simple question in Italian (one that anticipates a *yes* or *no* answer), it is sufficient to change the tone of voice from that of a statement to a question, or to place the subject at the end of the sentence.

EXAMPLE: **Marcello abita con la famiglia.**   *Marcello lives with the family.*

changes to:

Marcello abita con la famiglia?
Abita con la famiglia Marcello? } *Does Marcello live with the family?*

b. Another way to ask a question is to follow the statement with an interrogative expression such as **vero?** (*right? correct?*), **non è vero?** (*isn't it true?*), **no?**

EXAMPLE: **Marcello abita con la famiglia,**   *Marcello lives with the family,*
            non è vero?   *doesn't he?*

EXERCISE B   **Non è così!**   Change the following statements to questions, using two different ways.

EXAMPLE: Maria canta in classe.

a. **Canta in classe Maria?**

b. **Maria canta in classe, non è vero?**

1. Anna studia lingue straniere.

a. _____

b. _____

2. Loro visitano i nonni ogni settimana.

a. _____

b. _____

3. Oggi fa molto caldo.

   a. _____

   b. _____

4. Tu arrivi a scuola sempre in ritardo.

   a. _____

   b. _____

5. Gli studenti hanno molti compiti da finire.

   a. _____

   b. _____

6. Papà esce di casa molto presto.

   a. _____

   b. _____

7. Voi pagate il conto per tutti.

   a. _____

   b. _____

8. Tu e Andrea siete buoni amici.

   a. _____

   b. _____

9. Andiamo in città in metro.

   a. _____

   b. _____

3. Common Interrogative Words

che? ⎫	**perchè?** *why?*
cosa? ⎬ *what?*	**quando?** *when?*
che cosa? ⎭	**quanto?** *how much?*
chi? *who?*	**quanti, quante?** *how many?*
come? *how?*	**quale?** *which, what?*
dove? *where?*	

a. *Quanti* and *quante* agree in gender with the noun that follows.

EXAMPLES: **Quanti ragazzi ci sono in classe?**

Quante ragazze ci sono in classe?

b. *Quale* and *quali* agree in number with the noun that follows.

EXAMPLES: **Quale rivista compri?**   **Quali riviste compri?**

Quale libro leggi in classe?   **Quali libri leggi in classe?**

EXERCISE C   **Mamma, posso andare al concerto?**   You want to go to the concert of the famous Italian songwriter Zucchero. Before giving permission to go, your mother needs more information. Complete each question.

1. (*when?*)   _____ vai al concerto?

2. (*where?*)   _____ è il concerto?

3. (*who?*)   _____ viene con te?

4. (*how?*)   _____ andate al teatro?

5. (*how much?*)   _____ costa un biglietto?

6. (*how many?*)   _____ ore dura il concerto?

7. (*what?*)   _____ fate dopo il concerto?

4.   Common Expressions Using Interrogatives

Come ti chiami?	*What's your name?*
Dove abiti?	*Where do you live?*
Come stai?	*How are you?*
Quanti anni hai?	*How old are you?*
Che (cosa) fai di bello?	*What are you doing?*
Che cosa studi a scuola?	*What do you study in school?*
Qual è il tuo numero di telefono?	*What's your phone number?*
Quando è il tuo compleanno?	*What's your birthday?*
Qual è la data di oggi?	*What is today's date?*
Perchè non vieni con noi?	*Why don't you come with us?*
Che tempo fa?	*How's the weather?*
Quanto costa?	*How much is it? How much does it cost?*

EXERCISE D   **Piacere di fare la tua conoscenza!**   You have just met a new student from Italy. Ask him several questions about his life (name, age, address, etc.).

1. _____

2. _____

3. _____

4. _____

5. _____

6. _____

7. _____

8. _____

EXERCISE E   **Dove sono le domande?**   Provide the question for each answer below.

EXAMPLE: Questo zaino costa trenta dollari.   **Quanto costa questo zaino?**

1. Ha tre fratelli.   _____

2. Abitiamo a Roma in via Casilina.   _____

3. Arrivano domani in treno   _____

4. Ho una casa grande e molto bella.   _____

5. Oggi Marco non sta molto bene.   _____

6. Studiamo storia, letteratura e matematica.   _____

7. Mi piacciono il futbol americano ed il golf.   _____

8. La mia amica si chiama Marta.   _____

9. È il nuovo professore di lingue straniere.   _____

10. Suona il pianoforte ed il violino.   _____

11. Questo vestito costa cento dollari.   _____

12. Ho sedici anni.   _____

5. Difference Between *quale?* (which?, what?) and *che?* (what?)

Although both *quale?* and *che?* are sometimes translated into English as *what?*, in Italian there is a clear difference between these two interrogatives.

a. *Quale* or *quali* is used when a choice is specified or implied. Often this interrogative is followed by a noun and therefore agrees in gender and number with the noun.

EXAMPLES:	**Quale lingua straniera studi?**	*What foreign language do you study?*
	Quali stilisti italiani conosci?	*Which Italian designers do you know?*
	Quale cucina preferisci?	*What type of cuisine do you prefer?*

b. *Che* is used more often in an open-ended question and is commonly followed by a verb.

EXAMPLES:	**Che studi?**	*What are you studying?*
	Che (cosa) vogliamo fare?	*What do we want to do?*
	Cosa preferisci mangiare?	*What do you prefer to eat?*

EXERCISE F   **Scegliamo!**   Complete each question with either *che* or *quale*.

1. _____ programma televisivo preferisci?

2. _____ fanno i ragazzi stasera?

3. _____ colore dobbiamo usare?

4. _____ regalo a Marco per il compleanno?

5. _____ è il tuo numero di telefono?

6. _____ libro leggete nella classe d'inglese?

7. _____ posso portare al picnic?

8. _____ dobbiamo studiare per domani?

9. Da _____ binario parte il treno?

10. A _____ ufficio bisogna andare?

11. Con _____ cucini?

EXERCISE G | **È arrivata una lettera da un'amica.**   After reading the letter, ask six questions, based on its contents. Begin each question with *who, what, where, why, when,* or *how.*

Cari amici,

Da tre settimane io e la mia famiglia siamo in vacanza a Sant'Andrea Ionio, un piccolo paese della Calabria. Che meraviglia! Abitiamo in una casetta su in collina con una fantastica vista del mare. Le mie giornate sono molto simili. Mattina al mare a nuotare, prendere il sole ed andare in barca; pomeriggio a casa per pranzare e riposare; sera in piazza con amici a passeggiare, sedere al bar per prendere un gelato oppure andare insieme in discoteca. Mia madre è contentissima di essere qui. Esce in piazza ogni mattina per fare la spesa al mercatino che vende prodotti locali, frutta e verdura. Qui incontra le sue amiche con cui prende un caffè e scambia due chiacchiere. In estate la vita a Sant'Andrea è molto tranquilla e serena. C'è sole ogni giorno e fa caldo di giorno e fresco di sera. Fra qualche settimana devo ritornare in città, ma per il momento mi godo questa vacanza stupenda. Saluti a tutti e arrivederci a settembre.

Con affetto,

Annamaria

1. _____

2. _____

3. _____

4. _____

5. _____

6. _____

CHAPTER 9
Present Tense of the Irregular Verbs *ANDARE*, *DARE*,
STARE, *FARE*

1. The Irregular Verb *ANDARE* (*to go*)

The forms of the verb *andare* are irregular and therefore must be memorized.

SINGULAR		PLURAL	
io vado	*I go, I am going*	**noi andiamo**	*we go, we are going*
tu vai	*you go, you are going* (familiar)	**voi andate**	*you go, you are going* (familiar)
lui/lei va	*he/she goes, he/she is going*	**loro vanno**	*they go, they are going*
Lei va	*you go, you are going* (formal)	**Loro vanno**	*you go, you are going* (formal)

NOTES: 1. The verb *andare* (and its forms) is usually followed by the preposition *a*.

   Io vado *a* casa.   *I go home.*

2. *Andare* followed by the preposition *in* indicates means of transportation.

   Tu vai *in* macchina.   *You go by car.*

   Lui va *in* bicicletta.   *He goes by bike.*

   Lei va *in* aereo.   *She goes by plane.*

   Loro vanno *in* autobus.   *They go by bus.*

   Exception: **Lei va *a* piedi.**   *She goes on foot.*

EXERCISE A   **Scriviamo una lettera.**   Your friend writes you a letter telling you about his activities. Complete the letter with the correct form of the verb *to go*.

Caro amico,

come stai? Io sto bene, ma la mia vita è un poco noiosa.

Io _____ a scuola ogni giorno. Io non _____ a casa prima delle 14,30.
      1.   2.

La mamma invece _____ al lavoro la mattina e _____ a casa alle 5 di
                 3.   4.

sera. Papà _____ al lavoro e, di solito, _____ in macchina. Di sera, loro
           5.   6.

_____ a dormire presto perchè sono stanchi.
7.

   Il sabato io e la mia famiglia _____ al ristorante, e dopo _____
                                   8.   9.

al cinema. La domenica noi _____ a visitare i nonni. I miei amici invece
                                      10.

_____ al parco a giocare, ma io non posso _____ con loro.
         11.   12.

Tu dove _____ ogni giorno? Tu e la tua famiglia, dove _____ il
                13.   14.

weekend? Scrivi presto!

Ciao!

EXERCISE B   **Parliamo di te!**   Answer these questions in complete sentences.

1. Come vai a scuola la mattina?

_____

2. Dove vai dopo scuola?

_____

3. Con chi vai a scuola?

_____

4. Dove andate tu ed i tuoi amici il fine settimana?

_____

5. Dove va in vacanza la tua famiglia in estate?

_____

6. Vai in bicicletta con gli amici?

_____

7. I tuoi amici vanno al centro in treno?

_____

8. Quando vai a dormire la sera?

_____

2.   The Irregular Verb DARE (*to give*)

The forms of the verb *dare* are irregular and therefore must be memorized.

SINGULAR		PLURAL	
io do	*I give, I am giving*	**noi diamo**	*we give, we are giving*
tu dai	*you give, you are giving* (familiar)	**voi date**	*you give, you are giving* (familiar)
lui/lei dà	*he/she gives, he/she is giving*	**loro danno**	*they give, they are giving*
Lei dà	*you give, you are giving* (formal)	**Loro danno**	*you give, you are giving* (formal)

NOTE: *Dare un esame* means *to take a test.*
       Dai! means *come on!*

EXERCISE C   **Dai!**   Complete these sentences with the correct form of the verb *dare*.

1. Io _____ un regalo alla mia amica.

2. Gli studenti _____ i compiti alla professoressa.

3. Tu e Teodora _____ un esame di matematica oggi.

4. Lei signora _____ molti compiti ai ragazzi.

5. La mamma _____ una festa di compleanno per me.

6. Tu _____ il mal di testa alla tua amica.

7. Io e Marco _____ un bacio ai nostri figli.

8. Voi _____ un colpo di telefono a Giovanni.

9. I genitori _____ soldi ai figli.

10. Che cosa _____ tu agli amici per il loro compleanno?

3.   The Irregular Verb *STARE* (*to feel, to be*)

The forms of the verb *stare* are irregular and therefore must be memorized.

SINGULAR		PLURAL	
io sto	*I feel, I am feeling*	**noi stiamo**	*we feel, we are feeling*
tu stai	*you feel, you are feeling* (familiar)	**voi state**	*you feel, you are feeling* (familiar)
lui/lei sta	*he/she feels, he/she is feeling*	**loro stanno**	*they feel, they are feeling*
Lei sta	*you feel, you are feeling* (formal)	**Loro stanno**	*you feel, you are feeling* (formal)

NOTE: The verb *stare* is used for expressions of health.

Some common expressions with *stare* are:

Come stai?	*How are you?*
Sto bene.	*I am well, I feel well*
Sto male.	*I am not well, I don't feel well*
Sto così così.	*I am so-so, I don't feel so well*
Sto benissimo.	*I am very well, I feel very well*
Sto malissimo.	*I am not well at all, I feel terrible*

EXERCISE D   **Come state?**   Say how the following people feel today. Complete each sentence with the correct form of the verb *stare*.

1. Io _____ benissimo oggi.

2. La nonna _____ poco bene oggi.

3. I miei amici _____ stanno benissimo oggi.

4. Le ragazze _____ così così oggi.

5. Mio padre _____ poco bene oggi.

6. Noi _____ malissimo oggi.

EXERCISE E   **Come stanno?**   Find out how people are feeling. Complete each question with the correct form of the verb *stare*.

1. Ciao Caterina, come _____ ?

2. Signora Procopio, come _____ Lei oggi?

3. Ragazzi, come _____ oggi?

4. Simona, come _____ i tuoi genitori?

5. Come _____ la tua mamma?

EXERCISE F   **Rispondi!**   Answer these questions with complete sentences.

1. Come stai oggi?

_____

2. Come sta la tua nonna?

_____

3. Come stanno i tuoi genitori?

_____

4. Come sta il tuo professore oggi?

_____

5. Come state tu e tua sorella?

_____

4.   The Irregular Verb *FARE* (*to do, to make*)

The forms of the verb *fare* are irregular and therefore must be memorized.

SINGULAR		PLURAL	
io faccio	*I do, I am doing*	**noi facciamo**	*we do, we are doing*
tu fai	*you do, you are doing* (familiar)	**voi fate**	*you do, you are doing* (familiar)
lui/lei fa	*he/she does, he/she is doing*	**loro fanno**	*they do, they are doing*
Lei fa	*you do, you are doing* (formal)	**Loro fanno**	*you do, you are doing* (formal)

5.   Idiomatic Expressions with the Verb *FARE*

The following expressions are used with the verb *fare* in Italian. Instead of being translated literally in English, they have idiomatic meanings.

fare la spesa   *to grocery shop*

fare le spese   *to shop*

fare la fila   *to wait in line*

fare una gita   *take a field trip (short trip)*

fare un viaggio   *to take a trip*

fare un giro   *go for a ride or walk*

fare attenzione   *to pay attention*

fare colazione   *to eat breakfast*

fare lo sport   *to play sports*

fare lo stupido   *to act foolishly*

> **NOTE:**   The verb *fare* is used in many expressions to talk about the weather. The expression *Che tempo fa?* means *How is the weather? Fa bel tempo.* means *The weather is nice* (see Chapter 5).

EXERCISE G   **Cosa fanno?**   Complete each sentence with the correct form of the verb *fare*.

1. Papà _____ la spesa al supermercato.

2. Io _____ i compiti ogni giorno.

3. I ragazzi _____ lo sport dopo scuola.

4. Oggi piove e _____ cattivo tempo.

5. Susanna e Corina _____ le spese al centro commerciale.

6. In classe noi _____ sempre attenzione.

7. Il mio amico Tommaso _____ lo stupido in classe.

8. Nella mensa, gli studenti _____ la fila per comprare il pranzo.

9. La classe _____ una gita a Boston in primavera.

10. Noi _____ sempre un viaggio durante le vacanze di aprile.

EXERCISE H   **La mia giornata.**   Complete the paragraph with the proper forms of the verbs *andare, stare, fare, dare.*

Oggi io non _____ molto bene. Ho il mal di testa perchè _____ a letto
                          1.   2.

tardi la sera e non dormo abbastanza. Oggi nella classe d'italiano noi _____ un
                                                                                              3.

esame, e nella classe di storia _____ molti compiti in classe. Sono stanco di lavo-
                                               4.

rare! Dopo scuola io _____ lo sport con gli amici. Noi _____ il baseball,
                            5.   6.

mi piace giocare. Stasera io e la mia famiglia _____ a cena dai nonni per festeggiare
                                                              7.

il compleanno della nonna, ma appena ritorno a casa io _____ a dormire presto, e
                                                                             8.

domani _____ benissimo.
             9.

CHAPTER 10
Present Tense of Regular -ERE Verbs

1. Endings for Regular -ERE Verbs

The present tense of *-ere* verbs is formed by dropping the infinitive ending *-ere* and replacing it with the specific ending for each subject pronoun shown in the table below.

SUBJECT PRONOUNS	ENDINGS
IO	-o
TU (familiar)	-i
lui/lei	-e
Lei (formal)	-e
noi	-iamo
voi (familiar)	-ete
loro	-ono
Loro (formal)	-ono

2. Conjugating Regular *-ere* Verbs

scrivere *to write*		
io	scrivo	*I write, I am writing*
tu	scrivi	*you write, you are writing (familiar)*
lui/lei	scrive	*he/she writes, he/she is writing*
Lei	scrive	*you write, you are writing (formal)*
noi	scriviamo	*we write, we are writing*
voi	scrivete	*you write, you are writing (familiar)*
loro	scrivono	*they write, they are writing*
Loro	scrivono	*you write, you are writing (formal)*

NOTES: 1.   *Io, tu,* and *noi* take the same endings as regular *-are* verbs.

2.   Once the verb is conjugated, the subject pronoun is generally omitted since the ending identifies the subject. It is usually included for clarity, emphasis, or contrast.

3.   Commonly Used -ere Verbs

cadere	*to fall*	**piangere**	*to cry*
chiedere	*to ask*	**prendere**	*to take*
chiudere	*to close*	**ricevere**	*to receive*
conoscere	*to know, to meet*	**ripetere**	*to repeat*
correre	*to run*	**scendere**	*to descend, to go down*
credere	*to believe*	**scrivere**	*to write*
crescere	*to grow*	**temere**	*to fear*
leggere	*to read*	**vedere**	*to see*
mettere	*to put, to place*	**vendere**	*to sell*
perdere	*to lose*	**vincere**	*to win*

EXERCISE A   **Coniughiamo questi verbi.**   Conjugate the following verbs in the present tense.

	credere		perdere		chiudere
io	_____	io	_____	io	_____
tu	_____	tu	_____	tu	_____
lui/lei	_____	lui/lei	_____	lui/lei	_____
noi	_____	noi	_____	noi	_____
voi	_____	voi	_____	voi	_____
loro	_____	loro	_____	loro	_____

EXERCISE B   **Che cosa fanno queste persone?**   Complete each sentence with the present tense of the verb that appears in parentheses.

1. (*leggere*)   Gli studenti _____ bene in italiano.

2. (*perdere*)   Mio fratello _____ sempre le sue chiavi.

3. (*chiudere*)   Io _____ la finestra perchè fa freddo.

4. (*chiedere*)   Tu _____ un passaggio in macchina.

5. (*credere*)   I bambini _____ alle parole degli adulti.

6. (*scendere*)   Marianna _____ le scale di corsa.

7. (*vendere*)   Carlo e sua moglie _____ la loro casa.

8. (*mettere*)   Io non _____ l'impermeabile perchè non piove.

9. (*chiedere*)   Manuele e tu _____ informazioni al vigile.

10. (*ricevere*)   Quali voti _____ tu generalmente a scuola?

| **EXERCISE C** | **Domande** Change each statement into a question using one of the formats shown in the example, and then give the English translation. |

EXAMPLE: **Mariella legge il libro di storia.**

> Mariella legge il libro di storia?
> Legge il libro di storia Mariella?   } Is Mariella reading the history book?
> Mariella legge il libro di storia, vero?

1. Loro scendono in ascensore.

_____

_____

2. La signora Ada vende frutta e verdura.

_____

_____

3. Tu vedi tutto dalla finestra.

_____

_____

4. Giuseppe scrive una cartolina.

_____

_____

| **EXERCISE D** | **Non è vero!** Make the following statements negative. |

EXAMPLE: Marcello perde sempre tutto.   Marcello **non** perde tutto!

1. Angela chiude la porta a chiave.

_____ .

2. Noi ripetiamo il vocabolario ad alta voce.

_____ .

3. Lui teme di non aver studiato abbastanza.

   _____ .

4. I ragazzi scendono dall'autobus all'ultima fermata.

   _____ .

5. Tu ricevi sempre ottimi voti.

   _____ .

6. Lui risponde bene alle domande.

   _____ .

7. Loro conoscono molti ragazzi italiani.

   _____ .

8. In vacanza scrivo sempre cartoline agli amici.

   _____ .

EXERCISE E   **Un pò di curiositá!**   Answer the following open-ended questions.

EXAMPLE: Perchè chiudi la finestra?
            Chiudo la finestra perchè tira vento.

1. Perchè piangono i bambini?

   _____ .

2. Che cosa legge in questo periodo la tua classe d'inglese?

   _____ .

3. Al momento la tua squadra preferita vince o perde?

   _____ .

4. Come scendi da un piano all'altro a scuola?

   _____ .

5. Quali informazioni chiediamo quando conosciamo una persona?

   _____ .

6. Che cosa metti nel tuo panino preferito?

   _____ .

7. Perchè corre il ragazzo?

_____ .

8. Per quali occasioni riceviamo cartoline generalmente?

_____ .

9. Di solito (*usually*) tu scrivi i tuoi compiti a mano o con il computer?

_____ .

10. Che cosa vende un'edicola?

_____ .

EXERCISE F   **Ghe cosa vedi?**   Using common *-ere* verbs, describe the following scenes.

1. _____

   _____

   _____

2. _____

   _____

   _____

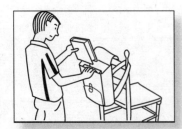

3. _____

   _____

   _____

4. _____

   _____

   _____

5. _____

_____

_____

6. _____

_____

_____

7. _____

_____

_____

8. _____

_____

_____

9. _____

_____

_____

10. _____

_____

_____

| EXERCISE G |

Divertiamoci un po'! Find all twenty *-ere* verbs listed in Section 3 above and repeated below and hidden in the following puzzle. The verbs may be read across, down, or diagonally. Circle them.

```
S E Z M E T T E R E P N M D H G C Z O N R H R H D
V G Q T P R H V D Q P R U I H G P F B R P F R Z H
C E O H E E G U S S Z U E B N H P Z C R E D E R E
O C N I R B B F H B I E B N C C Q D E M F H H D R
L I B D D Q Q O H B R I V G D R I P E T E R E O U
C Q P H E P C P G E L G A T I E U M L Q M C M L I
A M C P R R G V G P M I S E Q O R E A Z A G O N B
D V O E E Z E N U R E L F C L P R E H H C Z T N R
E T R R O S A C S C E N D E R E C L C U O Q R R V
R B R E G I Z Z U Z S B D D C I U P A D N D C I S
E O E O P U C S C A G U N S C L V T F F O M M C I
P V R A T C H I E D E R E N S P L E Q H S R D E F
U I E E R E H B E U N R P S C R O S R Q C H I V D
D U Z D I C M B R M C H I U D E R E P E E T V E N
H B D A E P L E G G E R E S V V I N C E R E I R D
L V U R I R P Z R L G B U L Q T H N S G E T C E A
S H N L P L E L T E E Z Z F C B M N A S M S U H G
```

cadere   conoscere   crescere   perdere   ricevere   scrivere   vendere

chiedere   correre   leggere   piangere   ripetere   temere   vincere

chiudere   credere   mettere   prendere   scendere   vedere

CHAPTER 11
Prepositions; Demonstrative Adjectives

1. Prepositions

Prepositions establish the relationship between two words. The following are simple prepositions and their English meaning.

a	*to, at, in* (It is also used to express *in* for a month or a city)
di (d')	*of, about, 's* (the possessive form)
in	*in, into*
su	*on*
da	*from, by*
con	*with*
tra, fra	*between*
per	*for, in order to*

Domani vado *a* Boston	*Tomorrow I am going **to** Boston.*
Abito *a* Arlington.	*I live **in** Arlington.*
Parlo *di* Michele.	*I am talking **about** Michele.*
Siamo *in* classe.	*We are **in** class.*
La matita è *su* un libro.	*The pencil is **on** a book*
Parto *da* Milano.	*I am leaving **from** Milan.*
Passo *da* una farmacia.	*I pass **by** a pharmacy.*
Studi *con* Tina?	*Are you studying **with** Tina?*
Siamo *tra* amici.	*We are **between** friends.*
Il regalo è *per* Catia.	*The gift is **for** Catia.*

NOTES: 1.   The preposition *di* is used to express several concepts.

Possession	**Di** chi è il quaderno? Il quaderno è **di** Maria.	*Whose notebook is it?* *It's Maria's notebook.*
	Di chi sono le riviste? Le riviste sono **di** Maria.	*Whose magazines are they?* *They are Maria's magazines.*
Partitive	Vorrei un po' **di** torta.	*I would like a small piece of cake.*
Place of origin	**Di** dove sei? Sono **di** Roma.	*Where are you from?* *I am from Rome.*
Idiomatic expression	la classe **di** matematica	*math class*

2. The preposition *in* is used in front of continents, countries, regions, large islands and states.

Vado **in** Italia.	*I am going to Italy.*
Vado **in** Sicilia.	*I am going to Sicily.*

3. The preposition *in* is also used to express modes of transportation.

Vado a scuola **in** bicicletta.	*I go to school by bicycle.*
Vado al mercato **in** autobus.	*I go to the market by bus.*

4. The preposition *da* is used to refer to someone's residence or place of business.

Vado **da** Franco.	*I am going to Franco's house.*
Vado **dal** dottore.	*I am going to the doctor's office.*

Common expressions: The following nouns are used with the simple preposition unless the noun is modified.

a casa	in salotto
a scuola	in classe
in città	in montagna
in paese	in chiesa

EXAMPLES: Vado **a** casa il pomeriggio.
Vado **a** scuola la mattina.
Vado **alla** casa **bianca**. (modified)

EXERCISE A | **Quante preposizioni!** Complete each sentence with a simple preposition that fits logically. Write all possible answers.

1. Io parlo _____ gli amici dopo scuola.

_____

2. Io compro il regalo _____ mamma.

_____

3. Il libro è _____ un banco.

_____

4. Regina studia _____ Dominique.

_____

5. Io passo _____ una farmacia quando vado a scuola.

_____

6. Ogni giorno noi andiamo _____ classe in orario.

_____

7. Sono nata _____ novembre.

_____

8. Mi piace la classe _____ matematica.

_____

9. Noi abitiamo _____ Newton.

_____

10. Il libro è _____ Susanna.

_____

2.   Contractions of the Prepositions

PREPOSITION	ARTICLES						
	SINGULAR				PLURAL		
	il	lo	la	l'	i	gli	le
a	al	allo	alla	all'	ai	agli	alle
di	del	dello	della	dell'	dei	degli	delle
in	nel	nello	nella	nell'	nei	negli	nelle
su	sul	sullo	sulla	sull'	sui	sugli	sulle
da	dal	dallo	dalla	dalla	dai	dagli	dalle

NOTE: Proper nouns and names of cities do not take an article, therefore simple prepositions are used in front of them.

EXAMPLES: Parlo **con** Maria.

Vado **a** New York.

La borsa **di** Susanna

EXERCISE B	**Mettiamoli insieme!** Complete each sentence with the appropriate contraction of the preposition *a*.

EXAMPLE: Noi scriviamo _____ amici.   Noi scriviamo **agli** amici.

1. Io parlo _____ ragazza davanti a me.

2. I ragazzi telefonano _____ amici.

3. I genitori danno soldi _____ figli.

4. La professoressa dà compiti _____ studenti.

5. Carlo regala i fiori _____ sua ragazza.

6. Dopo scuola, noi andiamo _____ negozio.

7. Rachele scrive un biglietto _____ amica in classe.

8. Guardiamo il baseball _____ stadio.

EXERCISE C   **Di chi è?**   State to whom each item belongs. Use the correct contraction of the preposition *di*.

EXAMPLE: La borsa/la ragazza.   La borsa è **della** ragazza.

1. La macchina/ i genitori _____ .

2. Lo zaino/ lo studente _____ .

3. I portafogli/ le signore _____ .

4. Il regalo/ la nonna _____ .

5. I cellulari /gli amici _____ .

6. La bicicletta/la ragazza _____ .

7. L'ipod/il professore _____ .

8. L'orologio /l'uomo _____ .

EXERCISE D   **Quante classi!**   What do you think of each of your classes?

EXAMPLE: latino   La classe **di** latino è interessante.

1. matematica _____ .

2. italiano _____ .

3. inglese _____ .

4. arte _____ .

5. educazione fisica _____ .

6. scienza _____ .

7. storia _____ .

8. musica _____ .

EXERCISE E   **Che giornata!**   Complete the following paragraph with the preposition indicated. Should you use a simple preposition or a contraction?

La mattina, _____ andare a scuola, passo _____ negozio vicino a casa, ed
　　　　　　 1. (in order to)　　　　　　　　　　　　 *2. (by the)*

entro per comprare _____ cingomma ed una bibita. Davanti _____ scuola
　　　　　　　　　　 3. (some)　　　　　　　　　　　　　　　　 *4. (at the)*

di solito incontro i miei amici e chiacchieriamo prima di andare _____ classe. La mia
　　　　　　　　　　　　　　　　　　　　　　　　　　　　　　 5. (in)

prima classe è l'italiano. Mi piace la classse ma comincia troppo presto la mattina; comincia

_____ sette e cinquanta. La mia testa non funziona a quest'ora _____ giorno.
6. (at) (for time)　　　　　　　　　　　　　　　　　　　　　　　 *7. (of)*

e se non faccio attenzione mi addormento. L'energia _____ mia amica che canta a
　　　　　　　　　　　　　　　　　　　　　　　　　 8. (of the)

voce alta, è troppo per me, ma piano piano, mi sveglio. Quando arrivo _____ seconda
　　　　　　　　　　　　　　　　　　　　　　　　　　　　　　 9. (to the)

classe, la matematica, sto meglio, ma la classe è un pò difficile _____ me.
　　　　　　　　　　　　　　　　　　　　　　　　　　　 10. (for)

EXERCISE F   **Dove vanno?**   Say where these people are going, based on the illustrations.

EXAMPLE: **Gli studenti vanno a scuola.**

1. Luca e Filippo _____   2. Io e Sarina _____

_____ .   _____ .

3. Io _____

_____ .

4. Tu _____

_____ .

5. Gli sciatori _____

_____ .

6. Gli amici _____

_____ .

7. La madre _____

_____ .

8. La famiglia _____

_____ .

9. Il signore _____

_____ .

10. Le amiche _____

_____ .

EXERCISE G   **Cosa c'è nel frigo?**   Using the partitive *di*, tell me if the following items are in your refrigerator.

EXAMPLE: *(latte)*   Nel frigo c'è **del** latte.

1. *(torta)* _____

2. *(bibita)* _____

3. *(pane)* _____

4. *(burro)* _____

5. *(prosciutto)* _____

6. *(frutta)* _____

7. *(pollo)* _____

8. *(pesche)* _____

9. *(formaggio)* _____

10. *(spinaci)* _____

EXERCISE H   **Come si dice?**   Translate the following sentences into Italian.

1. Mark's car is in the garage.

   _____

2. I am from Boston, where are you from?

   _____

3. We are going to the mall in the afternoon.

   _____

4. Students go to school by car or by bus.

   _____

5. Rocco goes to the doctor's office often.

   _____

6. When I pass by Papa Gino's, I want some pizza.

   _____

7. I have a lot of homework in English class.

   _____

8. The pen is on the desk; the book is in my backpack.

   _____

9. English class is important.

   _____

10. The teacher's car is new.

    _____

3.   The Demonstrative Adjective *quel*

The demonstrative adjective *quel* follows the pattern of the contractions of the preposition and has these forms:

SINGULAR		PLURAL	
quel		quei	
quella	that	quelle	those
quell'			
quello		quegli	

EXAMPLES: Chi è **quel** ragazzo?   **Quei** ragazzi sono amici.

Quella signora è mia madre.   **Quelle** signore sono le nostre madri.

Quell'uomo è il mio professore.   **Quegli** uomini sono alti.

Quell'amica è affidabile.   **Quelle** amiche sono modeste.

Quello studente è diligente.   **Quegli** studenti sono bravi.

EXERCISE 1   **Quale, Quello?** Complete each sentence with the correct form of the demonstrative adjective *quel*.

EXAMPLE: **Quel** ragazzo è un buon amico.

1. Mi piace _____ orologio.

2. _____ libro è grande.

3. Io sono la mamma di _____ ragazzi.

4. _____ squadra di football è ottima.

5. Di chi sono _____ scarpe?

6. Conosci _____ uomini?

7. Vedi _____ bella macchina? È mia!

8. Dove hai comprato _____ stivali?

9. Quanto costano _____ pantaloni?

10. È mia _____ aranciata?

EXERCISE J   **Uno o due?**   Give the plural form of the following sentences.

Example: Quello stadio è grande.   **Quegli stadi sono grandi.**

1. Quel bambino è carino.

   _____

2. Quella casa è grande.

   _____

3. Quell'oceano è pulito.

   _____

4. Quell'anatra è sporca.

   _____

5. Quello stadio è vicino.

   _____

6. Quel professore è simpatico.

   _____

7. Quella città è bella.

   _____

8. Quel caffè è forte.

   _____

9. Quell'italiano è interessante.

   _____

10. Quella casa ha tre piani.

   _____

4. The Demonstrative Adjective *questo*

SINGULAR	PLURAL
questo questa } *this* quest'	questi queste } *these*

EXAMPLES: **Questo** liceo è grande.

Quest'alunno è svogliato.

Questi compiti sono lunghi.

Questa è la mia amica.

EXERCISE K   **Informazione**   Complete each sentence with the correct form of the demonstrative adjective *questo*.

EXAMPLE: Mangio **questo** panino perchè ho fame.

1. Chi è _____ ragazza?

2. _____ cellulare è nuovo.

3. Mi piace _____ scuola.

4. Di chi sono _____ biscotti?

5. Posso mangiare _____ panino in classe?

6. Non mi piacciono _____ croccantini.

7. Io prendo _____ autobus ogni giorno.

8. _____ lezione è lunga.

9. Posso vedere _____ camicia?

10. _____ impiegato è antipatico.

EXERCISE L   **Una bambina capricciosa**   While babysitting, you offer many foods to the child. She wants this item, not the one you are offering.

EXAMPLE: Vuoi quel panino?   **No, voglio questo panino.**

1. Vuoi quella pizza?

_____

2. Vuoi quella banana?

   _____

3. Vuoi quel bicchiere di latte?

   _____

4. Vuoi quell'arancia?

   _____

5. Vuoi quelle caramelle?

   _____

6. Vuoi quella cioccolata?

   _____

7. Vuoi quel gelato?

   _____

8. Vuoi quei biscotti?

   _____

9. Vuoi quegli spaghetti?

   _____

10. Vuoi quella mela?

   _____

CHAPTER 12
Present Tense of the Irregular Verbs *BERE*, *VOLERE*, *DOVERE*, *POTERE*

1.   The Irregular Verb *BERE* (*to drink*)

BERE		
IO	BEVO	*I drink, I am drinking*
tu	bevi	*you drink, you are drinking (familiar)*
lui/lei	beve	*he/she drinks, he/she is drinking*
Lei	beve	*you drink, you are drinking (formal)*
noi	beviamo	*we drink, we are drinking*
voi	bevete	*you drink, you are drinking (familiar)*
loro	bevono	*they drink, they are drinking*
Loro	bevono	*you drink, you are drinking (formal)*

2.   The Irregular Verb *VOLERE* (*to want*)

VOLERE		
IO	VOGLIO	*I want*
tu	vuoi	*you want (familiar)*
lui/lei	vuole	*he/she wants*
Lei	vuole	*you want (formal)*
noi	vogliamo	*we want*
voi	volete	*you want (familiar)*
loro	vogliono	*they want*
Loro	vogliono	*you want (formal)*

3.   The Irregular Verb *DOVERE* (*to have to, must*)

DOVERE		
IO	DEVO	*I have to, I must*
tu	devi	*you have to, you must (familiar)*
lui/lei	deve	*he/she has to, he/she must*
Lei	deve	*you have to, you must (formal)*
noi	dobbiamo	*we have to, we must*
voi	dovete	*you have to, you must (familiar)*
loro	devono	*they have to, they must*
Loro	devono	*you have to, you must (formal)*

4.   The Irregular Verb *POTERE* (*to be able to, can*)

POTERE		
IO	P OSSO	*I am able to, I can*
tu	puoi	*you are able to, you can (familiar)*
lui/lei	può	*he/she is able to, he/she can*
Lei	può	*you are able to, you can (formal)*
noi	possiamo	*we are able to, we can*
voi	potete	*you are able to, you can (familiar)*
loro	possono	*they are able to, they can*
Loro	possono	*you are able to, you can (formal)*

NOTE: *Dovere* and *potere* are usually followed by an infinitive.

| EXERCISE A | **Pratica!**   Conjugate the following verbs in the present tense.

BERE

EXAMPLE: Il bambino _____ il latte.   Il bambino **beve** il latte.

1. Lui _____ una bibita.

2. Tu _____ un'aranciata.

3. Voi _____ un cappuccino.

4. Mina e io _____ un espresso.

5. Angelo _____ una limonata.

6. I miei amici _____ un chinotto.

7. La mamma _____ un caffè lungo.

8. Loro _____ un'acqua minerale.

VOLERE

EXAMPLE: Io _____ mangiare una caramella.   Io **voglio** mangiare una caramella.

1. La famiglia _____ viaggiare.

2. Lui _____ parlare l'italiano.

3. Voi _____ andare in vacanza.

4. Tu e io _____ correre la maratona di Boston.

5. Noi _____ imparare molto.

6. Lena _____ una fettina di torta.

7. Anna e Tino _____ una macchina nuova.

8. Tu e Andrea _____ comprare un nuovo telefonino.

DOVERE

EXAMPLE: Gli studenti _____ fare i compiti.   Gli studenti **devono** fare i compiti.

1. Carlo e Pietro _____ scrivere una lettera alla nonna.

2. I ragazzi _____ rispondere alle domande.

3. Marta _____ prendere la patente di guida.

4. Noi _____ portare il libro in classe.

5. Voi _____ camminare a scuola.

6. Io _____ comprare un regalo per la mia amica.

7. Il professore _____ ascoltare gli studenti.

8. Tu e Lia _____ seguire le istruzioni.

POTERE

EXAMPLE: Giuliana _____ guidare la macchina.   Giuliana **può** guidare la macchina.

1. Lo studente _____ fare domande in classe.

2. Tu _____ parlare bene l'ingese.

3. Voi _____ fare molti sport dopo scuola.

4. Lui _____ andare via appena finisce i compiti.

5. Noi _____ cucinare a casa.

6. Lei non _____ uscire senza chiedere permesso.

7. Anna _____ sciare la domenica.

8. Loro _____ ballare alla festa.

EXERCISE B   **Ancora verbi!**   Complete each sentence with the present tense of the verb in parentheses.

EXAMPLE: (*to want*) Io _____ andare a casa.   Io **voglio** andare a casa.

1. (*to be able*) Loro _____ sciare insieme a noi.

2. (*to want*)   Angelica _____ uscire con i suoi amici.

3. (*to have to*) Io _____ studiare per un esame.

4. (*to have to*)   Franco e io _____ andare a lavorare.

5. (*to drink*)   Il bambino _____ il latte per crescere.

6. (*to have to*)   Noi _____ venire in macchina.

7. (*to be able*)   Io non _____ sentire niente.

8. (*to be able*)   Raul e Carlo _____ andare allo stadio sabato.

9. (*to want*)   Tu _____ ascoltare musica italiana.

10. (*to drink*)   I ragazzi _____ caffè, tè o cioccolata calda?

11. (*to want*)   Noi _____ mangiare una buona pizza margherita!

12. (*to have to*)   Il professore _____ spiegare la lezione.

13. (*to want*)   Io non _____ arrivare a scuola tardi.

14. (*to have to*)   Voi _____ uscire con i vostri genitori; non è vero?

15. (*to drink*)   _____ cappuccino anche noi?

16. (*to want*)   Massimo e tu _____ andare in vacanza.

17. (*to drink*)   Tu non _____ insieme agli altri.

18. (*to be able*)   Carlo non _____ uscire con gli amici stasera.

19. (*to have to*)   I professori _____ correggere gli esami.

20. (*to want*)   Che cosa _____ tu da mamma?

| **EXERCISE C** | **Quante cose da fare!**   Using the verb *dovere*, tell me things that you must do this week. |

EXAMPLE: Venerdì **devo** fare la spesa.

lunedì	
martedì	
mercoledì	
giovedì	
venerdì	
sabato	
domenica	

| EXERCISE D |

Tutto cambia!   Using the verb *potere*, tell five things that you can do now but could not do last year.

EXAMPLE: Adesso **posso** prendere l'autobus pubblico.

1. _____

2. _____

3. _____

4. _____

5. _____

| EXERCISE E |

Andiamo in vacanza!   Using the verb *volere*, make a wish list for the things each family member wants to do on vacation.

1. Alberto _____   2. Io _____

   _____ .   _____ .

3. La mamma _____   4. Papà _____

   _____ .   _____ .

5. Elvira e io _____   6. Tutti _____

   _____ .   _____ .

7. Tu _____   8. I nonni _____

_____ .   _____ .

EXERCISE F   **Pensa!**   Think of five things that you want to do but cannot, and say why.

EXAMPLE: **Voglio** andare al mare ma non **posso** perchè fa freddo.

1. _____

2. _____

3. _____

4. _____

5. _____

Cultura

VOLERE È POTERE

is the Italian proverb that translates into English

"Where there is a will, there is a way!"

EXERCISE G   **Una serata in pizzeria.**   We are at the pizzeria "Tre Fontane." Tell what the following people are drinking.

1. Marcello _____ una limonata.

2. Marisa e suo fratello _____ dell'acqua minerale gassata.

3. Mia zia _____ dell'acqua minerale naturale.

4. Daniele _____ un caffè.

5. Aurora e tu _____ del tè freddo.

6. Caterina e io _____ un'aranciata.

7. Elena e Simone _____ una gassosa.

8. Stella _____ un chinotto.

| **EXERCISE H** | **Salute!**   Complete each sentence with the verb *bere*. |

EXAMPLE: Loro _____ acqua a scuola.   Loro **bevono** acqua a scuola.

1. A colazione noi _____ caffèlatte con i biscotti.

2. D'estate tu e Tamara _____ un caffè freddo il pomeriggio.

3. Dopo cena mamma non _____ mai caffè.

4. Tradizionalmente gli inglesi _____ thè.

5. Quando io sto male _____ una camomilla.

6. I ragazzi _____ il latte.

Chapter 13
Present Tense of Regular *-IRE* Verbs

1. Endings for Regular *-IRE* Verbs

The present tense of *-ire* verbs is formed by dropping the infinitive ending *-ire* and replacing it with the specific ending for each subject pronoun shown in the table below.

SUBJECT PRONOUNS	ENDINGS
io	-o
tu (familiar)	-i
lui/lei	-e
Lei (formal)	-e
noi	-iamo
voi (familiar)	-ite
loro	-ono
Loro (formal)	-ono

2. Conjugating Regular *-IRE* Verbs

There are two types of verbs that end in *-ire*. The verbs *dormire* and *finire* illustrate these types. The endings are the same for both groups. However, verbs like *finire* insert *-isc-* between the stem and the ending for all forms, except the *noi* and *voi* forms.

	dormire	*to sleep*		**finire**	*to finish*
io	dorm*o*	*I sleep, I am sleeping*	io	fin*isco*	*I finish, I am finishing*
tu	dorm*i*	*you sleep, you are sleeping* (familiar)	tu	fin*isci*	*you finish, you are finishing* (familiar)
lui/lei	dorm*e*	*he/she sleeps, he/she is sleeping*	lui/lei	fin*isce*	*he/she finishes, he/she is finishing*
Lei	dorm*e*	*you sleep, you are sleeping* (formal)	Lei	fin*isce*	*you finish, you are finishing* (formal)
noi	dorm*iamo*	*we sleep, we are sleeping*	noi	fin*iamo*	*we finish, we are finishing*
voi	dorm*ite*	*you sleep, you are sleeping* (familiar)	voi	fin*ite*	*you finish, you are finishing* (familiar)
loro	dorm*ono*	*they sleep, they are sleeping*	loro	fin*iscono*	*they finish, they are finishing*
Loro	dorm*ono*	*you sleep, you are sleeping* (formal)	Loro	fin*iscono*	*you finish, you are finishing* (formal)

NOTE: When you learn a new *-ire* verb, you must learn which pattern it follows.

3.   Commonly Used *-IRE* Verbs

Verbs like **dormire**

aprire	*to open*
coprire	*to cover*
dormire	*to sleep*
offrire	*to offer*
partire	*to leave*
seguire	*to follow*
sentire	*to hear*
servire	*to serve*
soffrire	*to suffer*

Verbs like **finire**

capire	*to understand*
costruire	*to build*
finire	*to finish*
obbedire	*to obey*
preferire	*to prefer*
pulire	*to clean*
punire	*to punish*
restituire	*to give back something*
spedire	*to mail*

EXERCISE A	**Pratica!** Conjugate the following verbs in the present tense.

sentire

io _____
tu _____
lui/lei _____
noi _____
voi _____
loro _____

spedire

io _____
tu _____
lui/lei _____
noi _____
voi _____
loro _____

restituire

io _____
tu _____
lui/lei _____
noi _____
voi _____
loro _____

EXERCISE B	**Quali sono?** In the list below, underline the verbs that take *-isc-* in the present tense, then write the *io* form of each verb.

EXAMPLE: (*offrire*)   Io **offro.**

1. (*sentire*) _____
2. (*restituire*) _____
3. (*finire*) _____
4. (*servire*) _____
5. (*costruire*) _____
6. (*partire*) _____
7. (*pulire*) _____

8. (*seguire*) _____
9. (*offrire*) _____
10. (*preferire*) _____
11. (*capire*) _____
12. (*soffrire*) _____
13. (*aprire*) _____
14. (*obbedire*) _____

| EXERCISE C | **Ancora verbi!**   Complete each sentence with the present tense of the verb in parentheses. |

EXAMPLE: (*to finish*)   Io _____ tutti i compiti a casa.
                         Io **finisco** tutti i compiti a casa.

1. (*to hear*)   Quando la mamma mi chiama, io non la _____ .

2. (*to mail*)   Quando andiamo in vacanza, noi _____ cartoline.

3. (*to finish*)   Gli studenti _____ di fare i compiti tardi la sera.

4. (*to sleep*)   Marco e Luisa _____ fino a tardi la mattina.

5. (*to understand*) A scuola Marisa _____ tutto .

6. (*to offer*)   Alla mensa, tu _____ un gelato al tuo amico.

7. (*to suffer*)   Voi _____ di mal di testa a scuola.

8. (*to follow*)   Il cane mi _____ quando vado a scuola.

9. (*to give back*)   Gli studenti non _____ le penne ai professori.

10. (*to build*)   Il padre _____ una casa in campagna.

11. (*to serve*)   I ristoranti italiani non _____ burro con il pane.

12. (*to open*)   Il museo _____ alle otto del mattino.

13. (*to clean*)   Quando _____ la tua camera?

14. (*to punish*)   I genitori _____ i figli che fanno capricci.

15. (*to leave*)   A che ora _____ l'aereo?

| EXERCISE D | **Raccontaci di te.**   Talk about yourself. Use complete italian sentences to express yourself. |

EXAMPLE: One homework assignment you always finish doing.
           Io finisco sempre i compiti d'italiano.

1. One thing you always give back to your friends when you borrow it.

_____

2. One thing you and your father clean.

_____

3. One day of the week you sleep until late.

_____

4. One chore you don't usually finish.

_____

5. One place where you suffer.

_____

6. One subject you understand easily in school.

_____

7. One food you prefer to eat.

_____

8. At what time you leave your house in the morning?

_____

| EXERCISE E | **Speaking**   You are in class. Marco says the infinitive form of each of the following verbs. Giuseppe answers with the *io* form. Repeat the exercise reversing roles. |

EXAMPLE: MARCO: **partire**
            GIUSEPPE: *parto*

            GIUSEPPE: **punire**
            MARCO: *punisco*

1. aprire	9. preferire
2. capire	10. seguire
3. coprire	11. pulire
4. finire	12. sentire
5. obbedire	13. restituire
6. dormire	14. servire
7. offrire	15. spedire
8. costruire	16. soffrire

| EXERCISE F | **Una giornata speciale.**   Complete the following paragraph with the correct forms of the given verbs. |

Al mio liceo, le classi _____ alle due e trenta del pomeriggio. Mi piace la scuola, ma
                          1. (to finish)

appena io _____ la campanella che indica la fine dell' ultima classe, sono felice. Oggi
     2. (to hear)

sono specialmente contenta perchè dopo scuola vado a dare l'esame per la patente di guida. Di

solito la mia amica Anna mi _____ un passaggio, ma presto io _____ il favore
    3. (to offer)   4. (to return)

e do un passaggio ad Anna. Sono una ragazza responsabile ed io _____ i miei geni-
          5. (to obey)

tori, quindi sono sicura che posso usare la macchina di mia madre, anche se io _____
          6. (to prefer)

avere la mia macchina, per adesso va bene. Quindi, sono pronta, per l'esame, Io ho il mio

piano: (io) _____ lo sportello della macchina, metto la cintura di sicurezza, accendo la
    7. (to open)

macchina, guardo nello specchio retrovisivo, e _____ . Mentre guido, _____
         8. (to leave)   9. (to follow)

attentamente le regole della strada, e spero di poter parcheggiare parellellamente senza urtare

il gradino del marciapiede! Quando _____ spero di avere la patente in mano.
       10. (to finish)

PER ESPRIMERSI MEGLIO
la macchina

il passaggio	*ride*	**il marciapiede**	*sidewalk*
la patente di guida	*driver's license*	**lo specchietto retrovisivo**	*rearview mirror*
lo sportello	*car door*	**la cintura di sicurezza**	*seatbelt*

EXERCISE G   **Hai capito?**   Reading comprehension

Read the paragraph above after you have written the verbs, and indicate whether the following statements are true (*vero*) or false (*falso*).

	Vero	Falso
1. La ragazza frequenta il liceo.	_____	_____
2. La scuola finisce alle tre del pomeriggio.	_____	_____
3. Anna non ha la patente.	_____	_____
4. La ragazza ha una macchina.	_____	_____
5. Oggi dopo scuola la ragazza studia.	_____	_____
6. La ragazza sa parcheggiare bene.	_____	_____
7. La ragazza è molto responsabile.	_____	_____

	Vero	Falso
8. La ragazza preferisce la macchina della madre.	_____	_____
9. La ragazza mette la cintura di sicurezza.	_____	_____
10. La ragazza non obbedisce i genitori.	_____	_____

EXERCISE H	**Solvi il cruciverba!** Write the Italian conjugation corresponding to the subjects in parentheses.

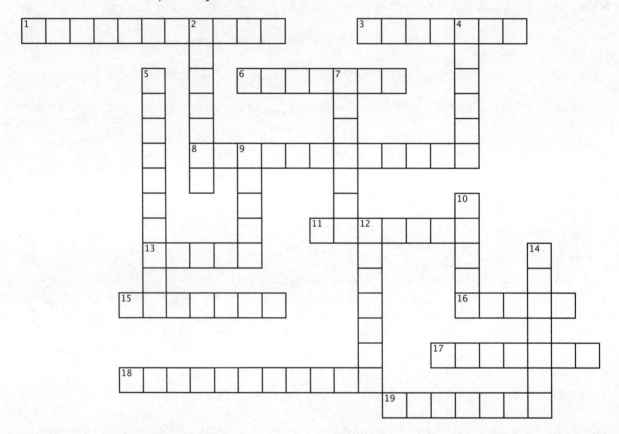

Orizzontali

1. to obey (gli studenti)
3. to punish (Simone)
6. to understand (noi)
8. to build (loro)
11. to cover (loro)
13. to hear (lui)
15. to hear (loro)
16. to offer (tu)
17. to mail (voi)
18. to give back (io)
19. to finish (lei)

Verticali

2. to understand (io)
4. to suffer (io)
5. to prefer (Marta)
7. to open (noi)
9. to follow (lei)
10. to sleep (io)
12. to clean (io e mio fratello)
14. to serve (voi)

CHAPTER 14
Present Tense of the Irregular Verbs *DIRE, USCIRE, VENIRE*

1. The Irregular Verb *DIRE* (*to say, to tell*)

Like other irregular verbs, this *-ire* verb does not follow a pattern and must be memorized.

dire *to say, to tell*		
io	dico	*I say, I am saying*
tu	dici	*you say, you are saying (familiar)*
lui/lei	dice	*he/she says, he/she is saying*
Lei	dice	*you say, you are saying (formal)*
noi	diciamo	*we say, we are saying*
voi	dite	*you say, you are saying (familiar)*
loro	dicono	*they say, they are saying*
Loro	dicono	*you say, you are saying (formal)*

EXERCISE A | **Evviva l'onestà!** Complete each sentence with the forms of the verb *dire*, confirming that the following people tell the truth.

EXAMPLE: Andrea _____ sempre la verità.   Andrea **dice** sempre la verità.

1. Io _____ sempre la verità!

2. Lei, professoressa, _____ sempre la verità!

3. Marco _____ sempre la verità!

4. Elena _____ sempre la verità!

5. Marta ed io _____ sempre la verità!

6. Noi _____ sempre la verità!

7. Voi tutti _____ sempre la verità!

8. Ida e tu _____ sempre la verità!

9. Loro _____ sempre la verità!

10. Enzo e Daria _____ sempre la verità!

2.   The Irregular Verb *USCIRE (to go out)*

uscire *to go out*		
io	esco	*I go out, I am going out*
tu	esci	*you go out, you are going out* (familiar)
lui/lei	esce	*he/she goes out, he/she is going out*
Lei	esce	*you go out, you are going out* (formal)
noi	usciamo	*we go out, we are going out*
voi	uscite	*you go out, you are going out* (familiar)
loro	escono	*they go out, they are going out*
Loro	escono	*you go out, you are going out* (formal)

EXERCISE B   **A che ora escono?** Using the verb *uscire*, complete each sentence by telling what time the family members leave the house in the morning.

EXAMPLE: Andrea _____ di casa alle nove.

Andrea **esce** di casa alle nove.

1. Tu _____ di casa alle sette.

2. I miei genitori _____ di casa alle otto quarto.

3. Paolo e tu _____ di casa alle sette.

4. Io _____ di casa alle sette e quindici.

5. Mio fratello _____ di casa alle otto.

6. Angelica _____ di casa alle nove.

7. La nonna _____ di casa alle dieci.

8. Mia zia _____ di casa alle undici.

9. I miei cugini _____ di casa alle otto.

10. Mio nonno _____ di casa alle sette.

3.   The Irregular Verb *VENIRE* (*to come*)

venire *to come*		
io	**vengo**	*I come, I am coming*
tu	**vieni**	*you come, you are coming* (familiar)
lui/lei	**viene**	*he/she comes, he/she is coming*
Lei	**viene**	*you come, you are coming* (formal)
noi	**veniamo**	*we come, we are coming*
voi	**venite**	*you come, you are coming* (familiar)
loro	**vengono**	*they come, they are coming*
Loro	**vengono**	*you come, you are coming* (formal)

EXERCISE C   **Benvenuti alla festa!**   Using the verb *venire*, complete each sentence by specifying how each person is coming to the party.

EXAMPLE: Carolina _____ alla festa con la vespa.
Carolina **viene** alla festa con la vespa.

1. Io _____ alla festa in macchina.

2. Tu _____ insieme a Marcello.

3. Alice e Gabriele _____ alla festa a piedi.

4. Nina e tu _____ alla festa in motorino.

5. Camilla _____ alla festa da sola.

6. Loro _____ alla festa in autobus.

7. Io e Giosuè _____ alla festa insieme.

8. Lui _____ alla festa in bicicletta.

9. I ragazzi _____ alla festa in macchina.

10. Lei, Signorina, _____ alla festa in compagnia?

EXERCISE D   **Un pò di curiositá!**   Answer the following questions.

1. Generalmente quando esci con i tuoi amici?

   _____

2. A chi dici i tuoi segreti?

   _____

3. Esci la sera dopo cena durante i giorni di scuola?

   _____

4. Chi viene in vacanza con te?

   _____

5. Che cosa dici la sera quando vai a dormire?

   _____

6. Con chi vieni a scuola?

   _____

7. Dici bugie ai tuoi genitori?

   _____

8. Usciamo stasera, che ne dici?

   _____

9. A che ora esci di scuola ogni giorno?

   _____

10. Da dove vengono i tuoi nonni?

    _____

| EXERCISE E | **Un po' sulla mia famiglia!** Rewrite the following paragraph, conjugating all verbs. |

La mia famiglia _____ molto importante per me. Io _____ un fratello tre anni

1. (essere)   2. (avere)

più giovane di me e una sorella quattro anni più grande. Annalisa, mia sorella _____

3. (frequentare)

l'università, _____ in un appartamento con due sue amiche e _____ di-

4. (vivere)   5. (volere)

ventare farmacista. Riccardo, mio fratello, _____ alla scuola media vicino al mio

6. (andare)

liceo e _____ molto sport nel pomeriggio. Io _____ al secondo anno di li-

7. (fare)   8. (essere)

ceo e _____ e _____ bene l'italiano, una lingua straniera che _____ !

9. (leggere)   10. (scrivere)   11. (amare)

I nostri genitori _____ insieme in una farmacia vicino a casa nostra. La sera mentre

12. (lavorare)

mamma _____ qualche sua specialità in cucina, papà _____ le ultime notizie

13. (preparare)   14. (seguire)

al telegiornale, Riccardo _____ a fare camminare il cane ed io _____ di fare i

15. (uscire)   16. (finire)

compiti. Dopo cena noi tutti _____ a sparecchiare. _____ una famiglia molto

17. (aiutare)   18. (essere)

unita!

_____

_____

_____

_____

_____

_____

_____

_____

_____

_____

_____

_____

_____

EXERCISE F   Complete each sentence with the correct form of *dire, uscire,* or *venire.*

EXAMPLE: Maria **dice** molte bugie.

1. Antonia _____ ogni venerdì sera con gli amici.

2. La mattina gli italiani _____ "Buon giorno".

3. Tu, a che ora _____ da scuola?

4. La mattina io _____ con mio fratello.

5. I miei amici _____ sempre la verità.

6. Dopo scuola Massino _____ a casa mia a fare i compiti insieme.

7. Quando io _____ , chiudo la porta a chiave.

8. I nonni _____ in vacanza con noi.

9. Che cosa _____ tua madre quando ritorni a casa tardi?

10. Tu _____ al cinema con me stasera?

CHAPTER 15
Possessive Adjectives and Pronouns

1. Possessive Adjectives

Possessive adjectives express to whom something belongs. They agree in gender and number with the item possessed, **not** with the possessor. The article is part of the form.

POSSESSOR		SINGULAR MASCULINE	SINGULAR FEMININE	PLURAL MASCULINE	PLURAL FEMININE
io	my	il mio	la mia	i miei	le mie
tu	your (singular, familiar)	il tuo	la tua	i tuoi	le tue
lui	his	il suo	la sua	i suoi	le sue
lei	her	il suo	la sua	i suoi	le sue
Lei	your (singular, formal)	il Suo	la Sua	i Suoi	le Sue
noi	our	il nostro	la nostra	i nostri	le nostre
voi	your (plural, familiar)	il vostro	la vostra	i vostri	le vostre
loro	their	il loro	la loro	i loro	le loro
Loro	your (plural, formal)	il Loro	la Loro	i Loro	le Loro

NOTES:

1. The *loro* form does not change. The article agrees in gender and number with the item owned.

2. When using a possessive adjective in front of singular nouns referring to family members, the article is not used unless the noun is modified. *Exception:* The nouns *mamma* and *papà* take the article in the singular form, although *madre* and *padre* do not.

Mia sorella Marina	*My sister Marina*
La mia **sorellina** Marina (modified noun)	*My little sister Marina*
Le mie sorelle Marina e Simona	*My sisters Marina and Simona*
La mia **mamma** è creativa.	Mia **madre** è creativa.
Il mio **papà** è alto.	Mio **padre** è alto.

3. Remember that *loro* is invariable and always requires the article, even in front of nouns referring to family members.

La loro sorella Marina	*Their sister Marina*

| EXERCISE A | **Avete il libro?**   Complete each sentence with the appropriate possessive article. |

EXAMPLE: Io ho _____ libro.   Io ho **il mio** libro.

1. Maria ha _____ libro.

2. Tu hai _____ libro.

3. Marco ha _____ libro.

4. Io ho _____ libro.

5. Professoressa, Lei ha _____ libro?

6. Loro hanno _____ libro.

7. Voi avete _____ libro.

8. Noi abbiamo _____ libro.

9. I ragazzi hanno _____ libro.

10. Tu e Carlo avete _____ libro.

| EXERCISE B | **Non è vero.**   Correct your friend's statements using a possessive adjective in your reply plus the given adjectives. |

EXAMPLE: La borsa della ragazza è costosa. (economica)
             No, la **sua** borsa è **economica**.

1. Lo zaino della ragazza è grande. (piccolo)

   _____

2. La casa di Carlo è red. (grigia)

   _____

3. Le scarpe del ragazzo sono belle. (brutte)

   _____

4. La macchina dei genitori è comoda. (scomoda)

   _____

5. I compiti degli studenti sono semplici. (complicati)

   _____

6. Il tuo banco è sporco. (pulito)

_____

7. Il computer del professore è vecchio. (nuovo)

_____

8. I miei genitori sono severi. (comprensivi)

_____

9. I vostri amici sono irresponsabili. (responsabili)

_____

10. La nostra classe d'italiano è noiosa. (interessante)

_____

EXERCISE C   **È tutto mio!**   Say that these items belong to you. Complete each statement with the correct form of the possessive adjective *my*.

EXAMPLE: Questa _____ casa.   Questa è **la mia** casa.

1. Questi sono _____ biscotti.

2. Questo è _____ amico.

3. Questo è _____ telefonino.

4. Questi sono _____ compiti.

5. Questa è _____ zia.

6. Queste sono _____ penne.

7. Questi sono _____ genitori.

8. Questo è _____ cugino.

9. Questa è _____ calcolatrice.

10. Questo è _____ nonno.

EXERCISE D   **Ecco la mia famiglia!** Complete the following paragraph with the possessive adjectives indicated.

Vi presento la mia famiglia.

_____ famiglia è piccola negli Stati Uniti, ma è numerosa in Italia. Ho due
_1. (my)_

figli: _____ figli sono Michele e Tina. _____ marito Mark è molto affida-
         2. (my)   3. (my)

bile. _____ sorella Francesca abita a Boston e _____ sorella Patrizia abita in
      4. (my)   5. (my)

Italia con _____ marito e _____ figlie Maria e Caterina. Caterina ha tre bam-
            6. (her)   7. (her)

bini, _____ bambini sono molto intelligenti. _____ zii sono tutti in Italia.
       8. (her)   9. (my)

_____ cara zia Agnese è la sorella di _____ padre, e _____ zie Albina
10. (my)   11. (my)   12. (my)

e Fioretta sono le sorelle di _____ madre. Loro hanno molti figli, _____ figli
                               13. (my)   14. (their)

sono _____ cugini.
      15. (my)

PER ESPRIMERSI MEGLIO
L'abbigliamento

il vestito da donna	*dress*	**i jeans**	*jeans*	**la gonna**	*skirt*
il vestito da uomo	*suit*	**la maglietta**	*tee shirt*	**le calze**	*socks*
la felpa	*sweatshirt*	**la maglia**	*sweater*	**i sandali**	*sandals*
le scarpe	*shoes*	**i pantaloni**	*pants*	**la giacca**	*jacket*
gli zoccoli	*clogs*	**la camicia**	*shirt*	**il cappotto**	*coat*

EXERCISE E   **Che disastro!**   You had a sleepover and your friends left their clothes all
over the place. Help your mother to sort them out.

EXAMPLE: È il vestito di Susanna?
           No, non è il suo vestito.
           (Sandra) Il vestito è di Sandra.

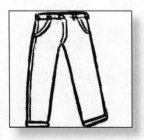

1. Sono i pantaloni di Rachele?

   _____

   (Susanna) _____

2. Sono le calze di Silvia?

_____

(Alice) _____

3. Sono le magliette di Rachele?

_____

(Silvia) _____

4. È la camicia di Maria?

_____

(Vanessa) _____

5. È la felpa di Carlotta?

_____

(Maria) _____

6. Sono le scarpe di Caterina?

_____

(Carlotta) _____

7. È la giacca di Patrizia?

_____

(Stella) _____

| EXERCISE F | **Al ladro!**   A robbery has just taken place at a bank. You are the artist at the police station and have to draw the identikit as described by a witness. |

I suoi capelli sono lunghi.
Il suo corpo è robusto e alto.
La sua faccia è rotonda con i baffi.
La sua felpa è blu scura.
Le sue scarpe sono vecchie e rotte.
La sua giacca è lunga.
Il suo berretto è dei Red Sox, o,
    forse dei Yankees.
I suoi geans sono vecchi ed hanno
    dei buchi.
Le sue calze sono rosse e corte.
La sua mano destra ha una macchia
    rosa.

| EXERCISE G | **Informazione personale**   Tell us about yourself. Answer these questions in complete sentences. |

1. Qual è il tuo indirizzo?

_____

2. Qual è il numero del tuo cellulare?

_____

3. Qual è il tuo colore preferito?

_____

4. Qual è la tua squadra preferita?

_____

5. Qual è il tuo film preferito?

_____

6. Qual è il tuo cibo preferito?

_____

7. Qual è la tua bevanda preferita?

_____

8. Qual è il tuo programma televisivo preferito?

_____

9. Come si chiama il tuo migliore amico/ la tua migliore amica?

_____

10. Qual è la tua materia preferita?

_____

EXERCISE H Write a letter to your friend about your family. Don't forget to include your extended family and your pets.

_____

_____

_____

_____

_____

_____

_____

_____

_____

_____

_____

2. Possessive Pronouns

The possessive pronouns in Italian have the same forms as the possessive adjectives. They replace the noun to which they refer and agree in gender and number.

EXAMPLES: Io ho **la mia borsa,** tu hai **la tua.**   *I have my pocketbook; you have yours.*

Questo è **il mio compito,** non è **il suo.**   *This is my homework, not his.*

EXERCISE I   **Questi sono i miei!**   Your friend is confused, and is packing many of your things to take with her, while leaving some of hers behind. Tell her to whom each item belongs, saying the opposite of what she says.

EXAMPLE: Questa è la mia gonna, non è _____ .

Questa è la mia gonna, non è **la tua**.

1. Questa è la mia maglietta, non è _____ .

2. Questi sono i miei pantaloni, non sono _____ .

3. Questi sono i tuoi sandali, non sono _____ .

4. Questa è la tua camicia, non è _____ .

5. Questo è il mio maglione, non è _____ .

6. Questa è la tua felpa, non è _____ .

7. Queste sono le mie calze, non sono _____ .

8. Questo è il tuo cappotto, non è _____ .

9. Queste sono le mie maglie, non sono _____ .

10. Questo è il tuo zaino, non è _____ .

EXERCISE J   **Traduciamo in italiano.**   Write the following sentences in Italian using both a possessive adjective and pronoun.

EXAMPLE: *I want my car, not yours.*

Io voglio **la mia** macchina, non **la tua.**

1. *This is his sweater, not mine.*

_____

2. *I prefer your pen, not hers.*

_____

3. *We want our lunch, not theirs.*

_____

4. *Mom finishes her work, not yours.*

_____

5. *I do my homework, not his.*

_____

6. *We read our letter, not yours* (plural).

_____

7. *Carla pays for my ice cream, not yours.*

_____

8. *They carry their books, not ours.*

_____

CHAPTER 16
Verbs with Similar English Meanings

1. *CONOSCERE, SAPERE (to know)*

	SAPERE	CONOSCERE
io	so	conosco
tu (familiar)	sai	conosci
lui/lei	sa	conosce
Lei (formal)	sa	conosce
noi	sappiamo	conosciamo
voi (familiar)	sapete	conoscete
loro	sanno	conoscono
Loro (formal)	sanno	conoscono

a. *Conoscere* is to know a person or to know something in depth.

EXAMPLES: Io **conosco** bene Fabio.   *I know Fabio well.*
Tu **conosci** la musica classica.   *You know classical music.*
Loro **conoscono** Roma molto bene.   *They know Rome very well.*

b. *Sapere* is to know specific information, facts, or "how to."

EXAMPLES: Lui **sa** il mio indirizzo.   *He knows my address.*
Sai che ore sono?   *Do you know what time it is?*
Sappiamo nuotare.   *We know how to swim.*

EXERCISE A   **Una frase, due verbi!** Complete each of the following sentences using *conoscere* or *sapere*. Then translate the sentences into English.

EXAMPLE: Noi non _____sappiamo_____ cucinare, ma _____conosciamo_____ un buon ristorante.
Noi non **sappiamo** cucinare, ma **conosciamo** un buon ristorante.
We don't know how to cook, but we know of a good restaurant.

1. Io _____conosco_____ Clara ma non _____so_____ dove abita.

_____

2. Tu _____conosci_____ Carlo? E _____sai_____ il suo numero di telefono?

_____

104

3. Mio padre ___conosce___ molti generi di musica ma non ___sa___ suonare uno strumento.

_____

4. Noi ___conosciamo___ bene Boston ma non ___sappiamo___ dov'è questo negozio.

_____

5. Rita e Paola ___conoscono___ gli studenti italiani in visita qui ma non ___sanno___ quando ritornano in Italia.

_____

6. Il professore ___conosce___ i suoi studenti, ma non ___sa___ cosa fanno dopo scuola.

_____

EXERCISE B   **Che divertimento!**   Without any clues, fill in all the forms of *sapere*.

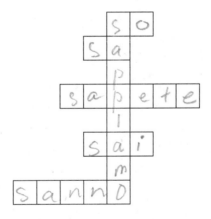

EXERCISE C   **Come si dice?**   Translate the following sentences into Italian.

EXAMPLES: *Do you know how to cook?*   **Sai** cucinare?
            Do you know Irma Pacelli?   **Conosci** Irma Pacelli?

1. Do you know Rome?   _Conosci Roma?_

2. Do you know the American boy?   _Conosci il ragazzo Americano?_

3. Do you know what time it is?   _Sai che ore sono?_

4. Do you know today's date?   *Sai la data d'oggi?*

5. Do you know my brother?   *Conosci mio fratello?*

6. Do you know how to draw?   *Sai disegnare*

7. Do you know math?   *Conosci*   *S̶a̶i̶ la matematica*

8. Do you know the new Italian teacher?   *Conosci la nuova professsa, d'Italiana.*

EXERCISE D   **Cosa sanno fare?**   For each of the drawings, tell what each person knows.

EXAMPLE: Carlo **sa guidare** la macchina.

1. Io e Vittorio   *sappiamo giocare a baseball* .

2. Sandra   *sa sciare* .

3. Antonio   *sa usare il computer* .

4. Filippo _____ sa lav rare le fenestre _____.
   pulire

5. Le ragazze _____ sanno cantare _____.

6. Mauro e Giovanna _____ sanno ballare _____.

2. *SUONARE, GIOCARE* (*to play*)

	SUONARE	GIOCARE
io	suono	gioco
tu (familiar)	suoni	giochi
lui/lei	suona	gioca
Lei (formal)	suona	gioca
noi	suoniamo	giochiamo
voi (familiar)	suonate	giocate
loro	suonano	giocano
Loro (formal)	suonano	giocano

a. *Suonare* is to play an instrument (or produce a sound).

    EXAMPLES: Io **suono** bene il violino.   *I play the violin well.*
                      Tu **suoni** il campanello.   *You ring the doorbell.*

b. *Giocare* is to play a sport or an activity.

    EXAMPLES: Lui **gioca** a calcio.   *He plays soccer.*
                      I bambini **giocano** con le bambole.   *Children play with dolls.*

NOTE: When used with a sport, *giocare* is followed by the preposition *a*.

| EXERCISE E | **Che bell'orchestra.** Enrico and his friends all play for the school orchestra. Complete each sentence with the proper form of *suonare*. |

                              EXAMPLE: Claudia **suona** il trombone.

1. Mario _suona_ la batteria.
                  suonera
                      suonerrebe

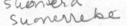

2. Irene _suona_ il pianoforte.

3. Io e Paolo _souniamo_ il sassofono.
                    suoneremo
                      suoneremmo

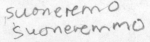

4. Tu e Emilio _suonate_ la chitarra.
   suonerete
   suonereste

5. Io _suono_ il flauto.

6. I suoi amici _suoniamo_ il violino.
   suonerano
   suonerebbero

EXERCISE F   **Forza ragazzi!**   These athletic friends participate in various school sports. Tell which sport each person plays.

EXAMPLE: Vanessa **gioca a** tennis.

1. Tu e Angelo _giocate a_ calcio.
   giocherete
   giochereste

2. Tu ed Eleonora _giocate a_ tennis.

3. Cinzia _gioca a_ pallacanestro.

4. Armando e Riccardo _giocano a_ football americano.
   cerano
   giocerebbero

5. Sara _gioca a_ golf.
   giocerea a
   giocerebbe a

6. Io _gioco a_ palla a volo.
   giocero
   giocarei

EXERCISE G   **Ad ognuno il suo.**   Tell what each person does for entertainment.

EXAMPLE: Alice _____ a scacchi.   Alice **gioca** a scacchi.   checheos'

1. Io _gioco_ a baseball con i miei amici.

2. Noi _suonaimo_ il cello e l'arpa.

3. Giulia _suona_ l'organo in chiesa.

4. Tu _giochi'_ a Monopoli con il tuo fratellino.

5. Rita _gioca_ a ping-pong per ore.

6. Tu e Barbara _suonate_ il basso al concerto della scuola.

7. Chiara e Linda _suonano_ il clarinetto da anni.

8. La bambina _gioca_ con la sua Barbi.

9. Noi _giochiamo_ a pocker per divertirci.

10. I ragazzi _giocanno_ a hockey d'inverno.

3.   *PARTIRE, USCIRE, ANDARE VIA* (*to leave*)

	PARTIRE	USCIRE	ANDARE VIA
io	parto	esco	vado via
tu (familiar)	parti	esci	vai via
lui/lei	parte	esce	va via
Lei (formal)	parte	esce	va via
noi	partiamo	usciamo	adiamo via
voi (familiar)	partite	uscite	andate via
loro	partono	escono	vanno via
Loro (formal)	partono	escono	vanno via

a. *Partire* best describes leaving a place for an extended period of time and can take on the meaning of to depart.

EXAMPLE: Loro **partono** per Milano domani.   *They are leaving for Milan tomorrow.*

The expression *partire da casa* means to leave the house.

b. *Uscire* can also mean to exit, to go out.

EXAMPLES: USCITE stasera?   *Are you going out tonight?*

Loro escono dalla **porta** principale.   *They are exiting from the main door.*

c. *Andare via* implies to go away from a place.

EXAMPLE: **Andiamo via** dal teatro insieme.   *We are leaving the theatre together.*

EXERCISE H   **A che ora bisogna uscire?**   Tell at what time each person leaves for school in the morning. Use the verb *uscire*.

EXAMPLE: Tommaso/7:00

Tommaso **esce** alle sette del mattino.

1. Nina, Filippo e Claretta/7:15 _Escono alle sette e quatro._

2. Io/7:30 _Esco alle sette + mezzo_

3. Ruggero/8:10   _Esce alle otto e dieci_

4. Tu/8:40   _Esci alle otto e quaranta_

5. Marilena/9:00   _Esce alle nove_

6. Stefano /10:00   _Esce alle dieci_

EXERCISE I   **Ogni festa deve finire prima o poi.**   Tell what happens at the end of a wonderful party. Use the expression *andare via*.

EXAMPLE: Tu e Manuela _____ presto.

Tu e Manuela **andate via** presto.

1. I ragazzi _vanno via_ in macchina.

2. Laura _va via_ con Leonora.

3. Io _vado via_ insieme agli altri.

4. Enzo _va via_ in motorino.

5. Tu _vai via_ da solo.

6. Noi _andiamo via_ tardi.

7. Voi _andate via_ dopo i saluti.

8. Carmen e Ludovica _vanno via_ prima di noi.

EXERCISE J   **A voi la scelta!**   After reading each sentence, decide how to best complete it with *uscire*, *partire*, or *andare via*. Then translate it into English.

EXAMPLE: Noi _____ adesso perchè è tardi.

Noi **andiamo via** adesso perchè è tardi.   *We are leaving now because it is late.*

1. Mio padre _parte_ per lavorare domani.

My father leaves for work tomorrow

2. Io _esco_ con i miei amici tutte le domeniche.

I go out with my friends every sunday.

3. Noi _andiamo via_ quando il film finisce.

We leave when the film ends.

4. A che ora _esci_ (tu) ogni mattina?

What time do you leave every morning?

5. Gli autobus _parte_ in orario.

The bus leaves in an hour.

6. Da quale binario _parte_ il treno per Roma?

on which track does the train to Rome leave?

7. Noi _partiamo_ tardi da casa la mattina.

We leave the house late in the morning

8. La mamma _vado via_ presto quando deve viaggiare.

Mother leaves early when she wants to travel.

4. PORTARE, PRENDERE (to take)

	PORTARE	PRENDERE
io	porto	prendo
tu (familiar)	porti	prendi
lui/lei	porta	prende
Lei (formal)	porta	prende
noi	portiamo	prendiamo
voi (familiar)	portate	prendete
loro	portano	prendono
Loro (formal)	portano	prendono

a. _Portare_ also means to take along, to bring or to wear.

EXAMPLES: Quando fa caldo **porto** i sandali. — _When it's hot, I wear sandals._

Noi **portiamo** il dolce alla festa. — _We are bringing dessert to the party._

La mamma mi **porta** a scuola in macchina. — _Mom takes me to school by car._

b. _Prendere_ also means to pick up, or to have (at a restaurant).

EXAMPLES: Io **prendo** un cappuccino, e tu? — _I'm having a cappuccino, and you?_

Lei **prende** l'autobus per andare in centro. — _She takes the bus to go downtown._

Vado a **prendere** Silvia all'aeroporto. — _I am going to pick up Silvia at the airport._

| **EXERCISE K** | **Al ristorante.** A group of friends are ordering dinner at the *Trattoria Due Torri*. Complete the dialogue with the correct forms of *prendere*. |

EXAMPLE: CAMERIERE: LE SIGNORINE, COSA _____ ?

Le signorine, cosa **prendono**?

Cameriere: Buona sera, signorine. Avete deciso? Lei, signorina, che cosa _____ ?

Anna: Ho una fame da lupo. Io _____ le fettuccine alla bolognese. E tu, Lea, che cosa _____ ?

Lea: Io e Teresa _____ le lasagne e loro _____ tortellini in brodo.

Cameriere: Benissimo. E da bere? _____ (voi) tutti dell'acqua minerale?

Lea: Io _____ una bibita fresca, che ne dici Anna, la _____ anche tu?

Anna: Certo, ci porti un'aranciata per favore.

Cameriere: Subito, signorine.

| **EXERCISE L** | **Che tempo fa?** It's important to decide what to wear based on weather conditions. Complete each statement with the correct form of *portare*. |

EXAMPLE: Io _____ le scarpe da ginnastica quando corro.

Io **porto** le scarpe da ginnastica quando corro.

1. In estate la gente _____ vestiti leggeri di cotone.

2. Quando piove io _____ un impermeabile.

3. Alla festa di fine anno i ragazzi generalmente _____ lo smoking.

4. Per sciare io _____ sciarpa, guanti, cappello e scarponi.

5. Alla spiaggia noi _____ il costume da bagno per nuotare.

6. Che cosa _____ tu quando nevica?

7. A scuola voi _____ vestiti pratici e comodi.

8. In casa noi _____ le pantofole.

EXERCISE M | **I preparativi per la festa di compleanno di nonna.** You are discussing the details of who is bringing what to the party, and who is picking up some of the guests. Complete each sentence with the correct form of the verbs *prendere* or *portare*, as appropriate.

Michel e: Chi va a _____ la nonna?

Tina: Rosa abita vicino alla nonna, quindi Rosa può _____ la nonna.

Michel e: Chi _____ la torta dalla pasticceria?

Tina: Tu _____ la torta e la _____ a casa di mamma.

Michel e: Cosa _____ Piera alla festa?

Tina: Piera _____ le bibite.

Michel e: Cosa _____ gli zii?

Tina: Loro _____ gli aperitivi.

Michel e: Cosa _____ tu e Gianfranco?

Tina: Noi _____ il pane e gli affettati.

Michel e: Io vado alla stazione del treno a _____ Nicola che arriva da New York.

Tina: Bene, tutto è a posto per la festa!

EXERCISE N | **Indovina un po'.** Complete each sentence with the correct form of *prendere* or *portare* as appropriate.

EXAMPLE: A che ora _____ il treno voi?
           A che ora **prendete** il treno voi?

1. Mamma, per favore mi _____ a scuola in macchina oggi?

2. Per colazione al bar io _____ un caffè e una brioche.

3. Nello zaino gli studenti _____ libri, quaderni, penne e tutto per la scuola.

4. Babbo Natale _____ sempre un vestito di velluto rosso.

5. Mario, per favore _____ l'acqua dal frigo?

6. Oggi noi non _____ il cappotto perchè non fa molto freddo.

7. Laura, che cosa _____ tu generalmente in pizzeria?

8. Dopo il lavoro mio padre _____ l'automobile e ritorna a casa.

CHAPTER 17
Expressions of Location and Directions

1. Expressions of Location

sopra	above, on top of	**davanti a**	in front of
sotto	under, below	**dietro**	behind
dentro	in, inside	**vicino a**	near
fuori	out, outside	**accanto a**	next to
		lontano da	far away from

NOTE: The correct form of the prepositional contraction must be used in front of nouns.

EXAMPLES: Il cappello è **sopra** il tavolo.   *The hat is on top of the table.*
La biblioteca è **accanto al** parco.   *The library is next to the park.*
Il cane è **davanti alla** porta.   *The dog is in front of the door.*
La mia casa è **lontana dal** negozio.   *My house is far away from the store.*

EXERCISE A   **Dove sono le mie cose?**   Looking at the picture below, state where each item is located in relation to the others.

EXAMPLE: La sedia è **lontana dal** ragazzo.

1. Il libro è _____ il banco.

2. Il quaderno è _____ al libro.

3. Il telefonino è _____ il libro.

4. La penna è _____ al quaderno.

5. Lo zaino è _____ la sedia.

6. Il banco è _____ la sedia.

7. Il ragazzo è _____ dal banco.

8. La sedia è _____ al banco.

EXERCISE B   **Vicino alla tua scuola.**   Answer the following questions in complete sentences.

1. C'è un negozio vicino alla tua scuola? Come si chiama?

_____

2. C'è un ristorante vicino alla tua scuola? È buono?

_____

3. C'è una banca vicino alla tua scuola? Come si chiama?

_____

4. C'è una farmacia vicino alla tua scuola? Come si chiama?

_____

5. C'è un parco vicino alla tua scuola? È grande o piccolo?

_____

6. C'è una stazione del treno vicino alla tua scuola? Come si chiama?

_____

7. C'è la fermata dell'autobus davanti alla tua scuola?

_____

8. Il supermercato è vicino o lontano dalla tua scuola?

_____

9. C'è un parcheggio per gli studenti dietro alla tua scuola?

_____

10. Come si chiama la strada davanti alla tua scuola?

_____

> **EXERCISE C**   **Il corpo**   Answer in complete sentences.

EXAMPLE: Cosa c'è sotto il naso?   **Sotto il naso c'è la bocca.**

1. Cosa c'è sopra la testa?   _____

2. Cosa c'è sotto la testa?   _____

3. Cosa c'è sopra il piede?   _____

4. Cosa c'è sotto il braccio?   _____

5. Cosa c'è dentro la bocca?   _____

6. Cosa c'è sotto la gamba?   _____

Scioglilingua

**Sopra la panca
la capra campa
sotto la panca
la capra crepa.**

2.   Expressions of Directions

destra	*right*	**gira a destra**	*turn right*
sinistra	*left*	**gira a sinistra**	*turn left*
dritto	*straight*	**vai dritto**	*go straight*
indietro	*back*	**torna indietro**	*turn around, go back*

EXERCISE D | **Andiamo a Firenze!** Follow the directions given below to take a tour of the historic center of Florence.

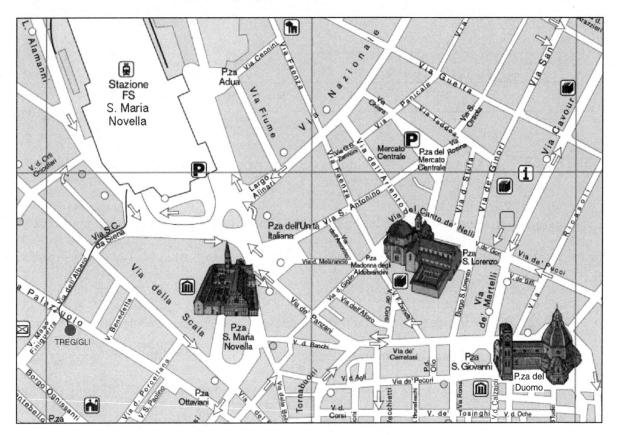

Parti dalla Stazione Santa Maria Novella. Tu sei davanti alla stazione. Vai a sinistra su Largo Alinari, continua dritto su Via Nazionale. Quando arrivi a Via Chiara gira a destra, vai al Mercato Centrale e fai delle compere. Quando finisci, vai a destra su Via Sant'Antonino, e subito a sinistra su Via Dell'Ariento. Continua fino alla Chiesa di San Lorenzo. Visita la chiesa perché è molto bella. Dopo che visiti questa chiesa, gira a destra sulla strada davanti alla chiesa, Borgo San Lorenzo. Continua su questa strada dritto fino alla fine, e ti troverai davanti al Duomo di Firenze. Ammira i colori del duomo, sali sul campanile di Giotto, e guarda il rinomato Duomo di Brunelleschi. Davanti al duomo, c'è una struttura molto interessante, il Battistero, entra e guarda il soffitto, gli affreschi sono stupendi. Esci e guarda a destra, c'è un'ottima gelateria all'angolo di Via dei Calzaioli. Mangia un bel gelato.

| EXERCISE E | **Indietro!** Now you have to get back to the train station. Write the directions from Piazza del Duomo to the train station Santa Maria Novella. |

_____

_____

_____

| EXERCISE F | Complete this paragraph with the words indicated. Be sure to include the preposition if required. |

Luigi lavora in un ristorante _____ scuola. Ogni giorno, quando arriva al lavoro vede
                                     1. (near)

la macchina del proprietario parcheggiata _____ ristorante, ma oggi non la vede.
                                               2. (in front of)

Entra nel ristorante e vede un panino enorme _____ un tavolo, ma non c'è nessuno
                                                  3. (on top of)

_____ il ristorante. Molto strano pensa Luigi. Va in cucina, e vede un grande cane
  4. (inside)

_____ porta. Sente un rumore _____ di lui e quando si gira, vede un vec-
  5. (next to)   6. (behind)

chietto che mangia una bistecca, e chiama il cane per venire a mangiare con lui. Luigi chiede

dove sono le altre persone che lavorano li, e l'uomo dice che sono tutti _____ a cer-
                                                                              7. (outside)

care lavoro perchè il ristorante chiude le sue porte per sempre oggi. Che sfiga!

CHAPTER 18
Partitive and Adjectives of Quantity

1. Forms of the Partitive DEL, DELLO, DELLA, DELL', DEI, DEGLI, DELLE (*some, any*)

A partitive expresses the idea of a portion or a fraction of something. The most common partitive in Italian is the contraction of **di** + article, and it agrees with the noun that it modifies.

EXAMPLES: Devo comprare **dei** libri.   *I must buy some books.*

Quel negozio vende **delle** belle   *That store sells some beautiful shirts.*
camicie.

Vado a prendere **della** frutta.   *I am going to get some fruit.*

EXERCISE A **Buona Vacanza!** You are packing for a long summer vacation. Using the partitive, make a list of some of the things that you need to take with you.

EXAMPLE: Porto delle magliette.   *I'll take some T-shirts.*

_____

_____

_____

_____

_____

_____

_____

_____

EXERCISE B **Buon appetito!** We are making a great "Timballo di pasta al forno" (*baked pasta*). Refer to the table below for some of the ingredients we will need. Complete the list with the proper form of the partitive.

EXAMPLE: **della** pasta (penne o rigatoni) cotta al dente

1. _____ sugo di pomodoro

2. _____ fettine di soppressata

3. _____ uova sode a spicchi

4. _____ mozzarella tagliata a fettine sottili

5. _____ ricotta fresca

6. _____ provola tagliata a dadi

7. _____ funghi a fettine

8. _____ olive snocciolate

9. _____ peperoni arrostiti

10. _____ fettine di prosciutto

11. _____ erbette (basilico e prezzemolo)

12. _____ parmigiano grattugiato

13. _____ panna da cucina

14. _____ uova sbattute

15. _____ olio extravergine

PER ESPRIMERSI MEGLIO					
Il Cibo					
Ingredienti		**Espressioni Utili**		**Specialità Italiane**	
il sugo	sauce	**fettine**	slices	**le penne**	a type of pasta
il pomodoro	tomato	**sode**	hard-boiled	**i rigatoni**	a type of pasta
le uova	eggs	**spicchi**	sections	**la soppressata**	cured salami
i funghi	mushrooms	**grattugiato**	grated	**la ricotta**	a type of cheese
le olive	olives	**tagliato**	cut	**la mozzarella**	a type of cheese
i peperoni	peppers	**a dadi**	cubed	**la provola**	a type of cheese
le erbette	herbs	**snocciolato**	pitted	**il prosciutto**	cured ham
il basilico	basil	**arrostiti**	roasted	**il parmigiano**	cheese used
il prezzemolo	parsley	**striscioline**	slivers		for grating
la panna liquida	heavy cream	**cotto**	cooked		
l'olio	oil				

2.   Adjectives of Quantity

The following adjectives agree in gender and number with the nouns they modify.

a. MOLTO, MOLTA, MOLTI, MOLTE (*many, a lot*)

    EXAMPLES: Fanno **molto** lavoro.   *They do a lot of work.*

                  Hai spedito **molte** cartoline.   *You mailed many postcards.*

                  Ci sono **molti** parcheggi.   *There are many parking spaces.*

                  Abbiamo **molta** pazienza.   *We have a lot of patience.*

b. POCO, POCA, POCHI, POCHE (*few, little*)

    EXAMPLES: Ha **poca** scelta.   *It has little choice.*

                  Leggo **poche** pagine.   *I read a few pages.*

                  Scendono **pochi** gradini.   *They go down a few steps.*

                  Abbiamo **poco** denaro.   *We have little money.*

c. TROPPO, TROPPA, TROPPI, TROPPE (*too many, too much*)

    EXAMPLES: C'è **troppa** confusione.   *There is too much confusion.*

                  Hanno **troppi** impegni.   *They have too many commitments.*

                  Ha comprato **troppe** banane.   *He bought too many bananas.*

                  Non ho **troppo** tempo.   *I don't have too much time.*

d. CERTO, CERTA, CERTI, CERTE (*certain*)

    EXAMPLES: Cerco un **certo** libro.   *I am looking for a certain book.*

                  Vogliono comprare **certi** vestiti. *They want to buy certain clothes.*

                  Hai parlato con una **certa** persona? *Did you speak to a certain person?*

                  Certe studentesse non sono venute. *Certain students (female) did not come.*

EXERCISE C   **Troppo poco!** Complete each sentence with the adjective indicated in parentheses.

EXAMPLE: Noi abbiamo _____ compiti da fare. (*too much*)

              Noi abbiamo **troppi** compiti da fare.

1. Nello zaino ho _____ libri. (*too many*)

2. Ci sono _____ ragazze in classe. (*many*)

3. _____ studenti sono molto diligenti. (*certain*)

4. Io ho _____ tempo per chiacchierare. (*little*)

5. C'è _____ gente al centro commerciale. (*too many*)

6. La professoressa ha _____ pazienza. (*a lot of*)

7. Mi piace studiare in un _____ modo. (*certain*)

8. Noi conosciamo _____ persone al lavoro. (*few*)

3.   Adjectives of Quantity in the Singular Form

The following adjectives are used only in front of singular nouns.

a. QUALUNQUE, QUALSIASI (*any*)

EXAMPLES: Portami **qualunque** libro!   *Bring me any book!*
Prendi **qualsiasi** autobus.   *Take any bus.*
Leggi **qualunque** pagina.   *Read any page.*
Accettano **qualsiasi** invito.   *They accept any invitation.*

b. OGNI (*each, every*)

EXAMPLES: Parliamo con **ogni** studente.   *We speak to each student.*
Ogni città ha le sue caratteristiche. *Every city has its own character.*

c. QUALCHE (*some, a few*)

EXAMPLES: Devo lavorare per **qualche** ora.   *I have to work for a few hours.*
Hai **qualche** idea?   *Do you have any idea?*

NOTE: *Qualche* always precedes singular nouns.

4.   Adjectives of Quantity in the Plural Form

a. PARECCHI, PARECCHIE, DIVERSI, DIVERSIE, VARI, VARIE (*several*)

EXAMPLES: Abbiamo visitato **parecchie** città.   *We visited several cities.*
Mi **piaccioni** vari tipi di musica.   *I like various types of music.*
Puoi prendere **diverse** linee aeree. *You can take several airlines.*

b. ALCUNI (*some, a few*)

EXAMPLES: In Italia ho visitato **alcuni** parenti. *In Italy I visited some relatives.*
È uscito con **alcuni** amici.   *He went out with some friends.*
Alcune ragazze non sono venute.   *A few girls did not come.*

EXERCISE D   **Organizziamo una festa.**   While getting ready for a party, you ask your friends the following questions.

1. Do you have any idea what to serve?

   _____

2. Can people come at a certain hour?

   _____

3. Can Barbara make several types of cookies?

   _____

4. Are we inviting a lot of friends?

   _____

5. Do you think that we have too much food?

   _____

6. Is Piero buying some refreshments?

   _____

7. Who is bringing a few CDs?

   _____

EXERCISE E   **Parliamo italiano!**   Translate the following expressions.

EXAMPLE: (*some parents*)   **alcuni genitori**

1. (*a few days*)   _____

2. (*some friends*)   _____

3. (*certain classes*)   _____

4. (*other books*)   _____

5. (*several stores*)   _____

6. (*each week*)   _____

7. (*any house*)   _____

8. (*too much work*)   _____

9. (*a few dollars*)   _____

10. (*every year*)   _____

EXERCISE F | **Le vacanze dei Rossi!** Complete the following paragraph with an adjective from the list below.

ogni	troppa	qualche	molto	parecchie
alcuni	pochi	altre	certe	dei

La famiglia Rossi fa le vacanze in Sardegna _____ anno nel mese di agosto
                                                      1.

e _____ volta a luglio. Tutti sono contenti di andare perchè al mare fa
         2.

_____ caldo, ci sono _____ attività per i ragazzi e i genitori rive-
      3.   4.

dono con piacere _____ parenti. Sulla spiaggia c'è sempre _____
                          5.   6.

folla e bisogna arrivare presto perchè i posteggi sono _____ e si occupano
                                                                  7.

presto! _____ sere la famiglia cena a _____ ristoranti locali,
              8.   9.

_____ volte mangiano a casa e poi escono in piazza per un gelato.
      10.

EXERCISE G | **Divertiamoci!** There are fourteen adjectives of quantity in this word search. They may be read horizontally, vertically or diagonally. Find and circle them in the puzzle and in the list on the right. Then list them in English in the lines below.

L	U	P	M	S	I	P	P	M	R	P	E	R	D	C	altri
U	M	F	A	N	B	M	O	L	T	O	C	E	O	R	certi
C	O	T	G	L	H	S	C	V	A	L	H	C	I	Z	qualsiasi
Z	B	O	H	N	T	D	H	F	H	C	D	S	P	I	troppo
M	T	M	C	H	S	R	I	V	L	G	A	L	V	Q	ogni
N	R	V	O	I	P	N	I	A	G	I	S	G	A	U	pochi
L	O	D	N	L	U	A	U	O	S	P	I	M	R	A	qualche
R	P	A	I	C	T	Q	R	L	C	E	R	T	I	L	molti
M	P	V	L	V	E	I	A	E	U	U	G	D	G	U	diversi
H	O	A	E	N	E	U	G	B	C	C	E	C	G	N	parecchi
F	E	Q	R	V	Q	R	C	L	P	C	C	V	Q	Q	vari
S	F	S	I	C	M	U	S	A	Z	B	H	N	B	U	molto
H	C	G	C	Z	G	D	N	I	R	A	N	I	Q	E	alcuni
															qualunque

_____   _____

_____   _____

_____   _____

_____   _____

_____   _____

_____   _____

_____   _____

CHAPTER 19
Negative Expressions

1. Construction of the Double Negative Forms

Negative expressions in Italian require a double negative construction. Here are the most common expressions.

> **non** (*verb*) **mai**   *never*
>
> **non** (*verb*) **nessuno**   *no one, nobody, anyone, anybody*
>
> **non** (*verb*) **niente**   *nothing, anything*
>
> **non** (*verb*) **neppure, nemmeno, neanche**   *not even*
>
> **non** (*verb*) **ancora**   *not yet*
>
> **non** (*verb*) **più**   *no longer, no more*
>
> **non** (*verb*) **nè . . . nè . . .**   *neither . . . nor . . . , either . . . or . . .*

NOTE: Even though it is not required in English, you must always use *non* in front of the verb when using the negative expressions above.

EXAMPLES:

Non parlo **mai** in classe.	*I never speak in class.*
Non vedo **nessuno** dopo scuola.	*I don't see anyone after school.*
Non mangio **niente** il mattino.	*I don't eat anything in the morning.*
Non porto **neppure** una penna in classe.	*I don't bring even a pen to class.*
Non guido **ancora**.	*I don't drive yet.*
Non suono **più** il pianoforte.	*I don't play the piano anymore.*
Non gioco **nè** al football, **nè** a hockey.	*I play neither football nor hockey.*

NOTE: In front of nouns, *nessuno* behaves like the indefinite article.

EXAMPLES: Non vedo **nessun** ragazzo   Non vedo **nessuno** zaino
Non vedo **nessuna** ragazza   Non vedo **nessun'**amica

EXERCISE A   **Mai e poi mai!**   Say that you never do the following things.

EXAMPLE: ballare in classe   Io **non ballo mai** in classe.

1. disturbare la classe   _____

2. arrivare a scuola in ritardo   _____

3. cantare nella doccia   _____

4. usare il cellulare in classe   _____

5. portare cibo in classe   _____

6. dire bugie   _____

7. andare al supermercato con la mamma   _____

8. uscire di casa a mezzanotte   _____

EXERCISE B   **Non lo fa più!**   Say that your mother no longer does these activities.

EXAMPLE: raccontare la fiaba   La mamma **non racconta più** la fiaba.

1. fare le compere per me   _____

2. cucinare il mio cibo preferito   _____

3. aiutare con i miei compiti   _____

4. guardare la televisione con me   _____

5. andare al centro commerciale con me   _____

6. ascoltare con attenzione   _____

7. capire me   _____

8. guardare la mia partita di calcio   _____

EXERCISE C   **Nè l'una, nè l'altra.**   Your friend Teresa is not doing much these days. Tell your mother about her. Use the expression *nè . . . nè* in each of the sentences.

EXAMPLE: viaggiare in aereo/in treno   Teresa **non viaggia nè** in aereo, **nè** in treno.

1. mangiare spinaci/broccoli

   _____.

2. fare i compiti di matematica/i compiti d'inglese

   _____.

3. vedere gli amici/i genitori la sera

   _____.

4. andare alla pizzeria/al ristorante

   _____.

5. correre a casa/a scuola

_____.

6. parlare con Marisa/con Simona

_____.

7. bere latte/caffè

_____.

8. giocare a tennis/a pallavolo

_____.

9. viaggiare in Italia/in Francia

_____.

10. prendere il treno/l'autobus

_____.

EXERCISE D   **Sei distratta!**   You are looking for some of your belongings. You ask your mother to look around, but she doesn't see any of them. Use a form of _nessuno_ in front of each noun in your answers.

EXAMPLE: C'è una penna sul banco?   **Non** c'è **nessuna** penna sul banco.

1. C'è una borsa sul divano?   _____.

2. C'è un cappotto sulla sedia?   _____.

3. C'è una scarpa sotto il letto?   _____.

4. C'è il mio zaino nella macchina? _____.

5. C'è un telefonino sul tavolo?   _____.

6. C'è un portafoglio sul tavolino? _____.

7. C'è un quaderno sul divano?   _____.

8. C'è un ipod sul banco?   _____.

EXERCISE E   **Dimmi di te.**   Talk to your teacher about yourself.

1. One thing you never do

_____

2. One thing you no longer do

_____

3. One place where you don't do anything

_____

4. One time when you don't see anyone

_____

5. Two sports you don't play

_____

6. Two foods you don't eat

_____

7. One thing you can't do yet

_____

8. One thing you don't even do at home

_____

EXERCISE F   **Capisci?**   Write the English translation of the following sentences.

1. Io non parlo mai mentre la professoressa insegna.

_____ .

2. Carla parla sempre mentre la professoressa insegna.

_____ .

3. Io non suono più il pianoforte.

_____ .

4. Carla suona ancora il pianoforte ed è brava.

_____ .

5. Non vedo nessuno davanti alla scuola.

_____ .

6. Carla vede qualcuno davanti alla scuola.

_____ .

7. Io non mangio niente.

   _____ .

8. Carla mangia tutto.

   _____ .

9. Io non mangio neanche la pizza.

   _____ .

10. Carla mangia la pizza e gli spaghetti.

   _____ .

PER ESPRIMERSI MEGLIO

The following adverbs express the opposite
of the previous negative expressions.

sempre	_always_	**qualcosa**	_something_
ancora	_still_	**tutto**	_everything_
qualcuno	_someone_	**anche**	_also_
tutti	_everyone_		

EXERCISE G   **Cosa fai?**   Answer each of the following questions in complete sentences
using the opposite of the italicized word in your answer.

EXAMPLE: Perchè _non_ rispondi _mai_ al telefono?   Io rispondo **sempre** al telefono.

1. Perchè _non_ fai _mai_ i compiti?   _____ .

2. Esci con _qualcuno_ stasera?   _____ .

3. Mangi _niente_ alla mensa?   _____ .

4. Giochi _ancora_ al calcio?   _____ .

5. Guardi _sempre_ la televisione il pomeriggio?   _____ .

6. Studi l'arte ed _anche_ la musica?   _____ .

7. Fai _qualcosa_ di bello dopo scuola?   _____ .

8. Inviti _tutti_ i tuoi amici alla festa?   _____ .

CHAPTER 20
Passato Prossimo with *AVERE*

This chapter will concentrate on the *passato prossimo* (present perfect tense) with *avere* as a helping verb. The next chapter will be devoted to the *passato prossimo* with *essere*.

1.   Understanding the Present Perfect Tense

a. The present perfect tense, or *passato prossimo*, expresses an action that has already happened. In English this is usually formed by adding *-ed* to the present.

EXAMPLES: *worked   studied   entered*

b. Remember, however, that in English many verbs have irregular forms in the present perfect tense.

EXAMPLES: *bought   went   did*

c. In Italian the *passato prossimo* is formed by using the present tense of the helping verb *avere* or *essere* (also known as auxiliary verbs) and the past participle (*participio passato*) of the verb in question.

EXAMPLES:	**Ho** mangiato	*I ate, I have eaten, I did eat*
	Ho veduto	*I saw, I have seen, I did see*
	Sono andato	*I went, I have gone, I did go*
	Sono stato	*I was, I have been*

2.   Forming the Past Participle (*participio passato*)

To form the past participle, replace the infinitive ending as shown in the following table.

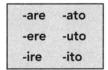

-are	-ato
-ere	-uto
-ire	-ito

EXERCISE A	**Questo participio passato è facile!** Write the past participle of the following infinitives.

EXAMPLE: (*mandare*)   **mandato**

1. (*capire*) _____
2. (*guardare*) _____
3. (*credere*) _____
4. (*scendere*) _____
5. (*mangiare*) _____

6. (*ascoltare*) _____
7. (*servire*) _____
8. (*sentire*) _____
9. (*cadere*) _____
10. (*comprare*) _____

EXERCISE B	**Ancora una volta!** Write in Italian the infinitive form of each verb and its past participle.

EXAMPLE: to sing   **cantare   cantato**

	Infinito	Participio Passato
1. to study	_____	_____
2. to pay	_____	_____
3. to see	_____	_____
4. to finish	_____	_____
5. to give	_____	_____
6. to buy	_____	_____
7. to look for	_____	_____
8. to believe	_____	_____
9. to sell	_____	_____
10. to sleep	_____	_____

3.   Forming the *Passato Prossimo* Using AVERE as a Helping Verb

To form the *passato prossimo*, use the present tense of *avere* and the past participle of the given verb.

PARLARE			
io	ho	parlato	*I spoke, I have spoken, I did speak*
tu (familiar)	hai	parlato	*you spoke, you have spoken, you did speak*
lui	ha	parlato	*he spoke, he has spoken, he did speak*
lei	ha	parlato	*she spoke, she has spoken, she did speak*
Lei (formal)	ha	parlato	*you spoke, you have spoken, you did speak*
noi	abbiamo	parlato	*we spoke, we have spoken, we did speak*
voi (familiar)	avete	parlato	*you (plural) spoke, you have spoken, you did speak*
loro	hanno	parlato	*they spoke, they have spoken, they did speak*
Loro (formal)	hanno	parlato	*you (plural) spoke, you have spoken, you did speak*

EXERCISE C   Complete each sentence with the correct form of the helping verb.

EXAMPLE: Tu **hai** ordinato un cappuccino e una brioche.

1. Giulio _____ cantato una canzone.

2. Lisa ed io _____ disegnato una casa.

3. Carla ed Enzo non _____ giocato ieri.

4. I bambini _____ dormito dopo la colazione.

5. Franca _____ pagato per il libro.

6. Io non _____ ascoltato la musica.

7. Tutti _____ cancellato la lavagna.

8. Elisabetta ed io _____ viaggiato insieme.

9. Tu e Amanda _____ nuotato in piscina.

10. Loro _____ abitato a Londra.

EXERCISE D | **Adesso tocca a te!** Conjugate the verb *preparare* in the *passato prossimo*.

EXAMPLE: Alessandra _____ il pranzo.   Alessandra **ha preparato** il pranzo.

1. Io _____ la cena.

2. Tu _____ la tavola.

3. Lui, lei, Lei _____ il caffè.

4. Noi _____ le domande.

5. Voi _____ le valige.

6. Loro _____ i compiti.

EXERCISE E | **Un'altra volta!** Conjugate the verb *credere* in the *passato prossimo*.

EXAMPLE: Noi non _____ il rapporto.   Noi non **abbiamo creduto** il rapporto.

1. Io _____ nella mia famiglia.

2. Tu _____ alle mie parole.

3. Lui, lei _____ nella verità.

4. Noi _____ nel futuro.

5. Voi _____ nei miei amici.

6. Loro _____ nella forza dell'amore.

EXERCISE F | **Ancora una volta!** Conjugate the verb *capire* in the *passato prossimo*.

EXAMPLE: Le mie sorelle _____ il problema.   Le mie sorelle **hanno capito** il problema.

1. Io _____ l'italiano.

2. Tu _____ le mie parole.

3. Lui, lei, Lei _____ la lettura.

4. Noi _____ la lezione.

5. Voi _____ la verità.

6. Loro _____ subito.

4. Negative and Interrogative Forms of Verbs in the Present Perfect Tense

a. The negative form of the *passato prossimo* is formed by placing *non* before the conjugated verb.

EXAMPLES: Io non ho comprato il latte. *I didn't buy the milk.*
No, non abbiamo capito. *No, we didn't understand.*

b. To ask a question in the present perfect tense, simply add a question mark at the end of the statement, or place the subject at the end of the statement before you add the question mark.

EXAMPLES: Hai finito i compiti? *Did you finish the homework?*
Avete pagato il conto voi? *Did you all pay the bill?*
Ha studiato Marisa? *Did Marisa study?*

| EXERCISE G | **Pratica, pratica e pratica!** Complete each sentence with the present perfect tense of each verb supplied, and then translate it into English. |

EXAMPLE: (*parlare*) Loro **hanno parlato** con i genitori.
They talked to their parents.

1. (*ordinare*) Paolo e Franco _____ il cibo per il picnic.

2. (*tenere*) Tu _____ i fiori in acqua per una settimana.

3. (*suonare*) Voi _____ la chitarra.

4. (*spedire*) Io e Susanna _____ le cartoline ai nostri genitori.

5. (*cantare*) Io _____ con il coro della scuola.

6. (*ballare*) Tu e Lucia _____ molte danze latine.

7. (*servire*) Cosa _____ al ristorante per pranzo?

8. (*vendere*) Chi _____ la bicicletta?

9. (*ricevere*) Marco _____ un regalo, vero?

10. (*dormire*) Vittorio _____ bene ieri sera.

5. Irregular Past Participles Commonly Used with *AVERE*

fare	**fatto**	chiedere	**chiesto**
dire	**detto**	aprire	**aperto**
leggere	**letto**	coprire	**coperto**
scrivere	**scritto**	offrire	**offerto**
rompere	**rotto**	soffrire	**sofferto**
correggere	**corretto**	rispondere	**risposto**
correre	**corso**	bere	**bevuto**
spendere	**speso**	conoscere	**conosciuto**
prendere	**preso**	decidere	**deciso**
mettere	**messo**	vincere	**vinto**
chiudere	**chiuso**		

NOTE: *vedere* and *perdere* have two participles—
a regular and an irregular form.

vedere **veduto visto**   perdere **perduto perso**

EXERCISE H Complete each sentence with the *passato prossimo* of each verb in parentheses.

EXAMPLE: Ieri **ho speso** molti soldi al negozio. (*spendere*)

1. La professoressa _____ la porta della classe. (*chiudere*)

2. Noi _____ i compiti. (*fare*)

3. Claudia _____ soldi a sua madre. (*chiedere*)

4. Tu e Federico _____ molte cartoline dall'Italia. (*scrivere*)

5. Stamattina il bambino non _____ il latte. (*bere*)

6. Chi _____ il vaso? (*rompere*)

7. Che cosa _____ ieri tu? (*perdere*)

8. Io ed i miei amici _____ un bel film ieri sera. (*vedere*)

9. Il mio amico Mario _____ bugie alla mamma. (*dire*)

10. Mia sorella Franca _____ la maratona di Boston. (*correre*)

11. L'anno scorso noi _____ dei libri interessanti in inglese. (*leggere*)

12. Quest'anno io non _____ il mio libro. (*coprire*)

13. La mamma _____ il frigo. (*aprire*)

14. I Red Sox _____ il campionato finalmente! (*vincere*)

15. La professoressa _____ i nostri esami. (*correggere*)

EXERCISE I **Divertiamoci** There are twenty-two irregular participles, listed below, in the word search puzzle. They may be read horizontally, vertically, or diagonally. Find and circle them in the box and on the list.

```
O  U  E  Y  Z  Y  H  D  T  O  W  E  I  Z  M  Z  T  H  I  U
S  O  Q  G  C  R  U  R  I  S  P  O  S  T  O  X  Q  O  I  U
I  S  F  I  D  O  D  Q  Q  W  Z  A  P  E  R  T  O  A  O  B
Z  S  I  F  G  E  N  E  O  F  A  N  P  E  R  S  O  S  O  V
P  C  H  I  E  S  T  O  C  C  O  P  E  R  T  O  U  A  O  I
K  E  I  X  W  R  E  T  S  I  Y  O  I  U  D  I  Y  T  O  N
O  U  R  E  K  V  T  S  O  C  S  I  U  U  H  D  S  T  C  T
V  H  S  S  P  S  F  O  D  C  I  O  O  C  P  I  T  H  O  O
A  B  C  V  O  U  A  I  S  N  B  U  V  E  V  E  P  H  R  L
I  U  R  S  J  C  P  F  M  R  E  J  T  H  L  M  Z  O  R  T
R  R  I  U  D  C  E  R  A  I  V  X  O  O  U  M  E  I  E  L
I  O  T  Q  D  E  I  M  E  T  U  D  C  O  R  S  O  U  T  I
Y  V  T  H  U  S  J  A  O  S  T  H  U  R  F  G  I  U  T  L
O  H  O  T  U  S  O  A  U  Y  O  O  A  V  L  N  F  R  O  E
H  H  I  C  O  O  U  F  S  O  F  F  E  R  T  O  L  H  U  E
```

fatto	detto	letto	scritto	rotto	corso	aperto
coperto	offerto	sofferto	chiuso	chiesto	bevuto	perso
preso	risposto	conosciuto	corretto	deciso	successo	vinto
visto						

EXERCISE J **Che cosa hai fatto ieri pomeriggio?** Use the following verbs to create a diary entry describing what you did yesterday after school. Begin with **Ieri pomeriggio, dopo scuola . . .**

studiare	finire	camminare
vedere	parlare	spendere
guardare	lavorare	rispondere
comprare	leggere	

_____

_____

_____

_____

_____

_____

_____

_____

_____

EXERCISE K	**Alla festa di compleanno** Read this brief description of a birthday party. Rewrite the paragraph in the present perfect tense.

Quest'anno celebro il mio compleanno con una bella festa e mia madre prepara una torta alla vaniglia, con panna e fragole. La mia torta preferita! Invito i miei cugini e molti amici e per l'occasione compro un bel vestito nuovo. Festeggiamo per molte ore insieme. Mangiamo una cena squisita, beviamo una varietà di rinfreschi, chiacchieriamo, ascoltiamo musica e balliamo. Io apro i regali e ringrazio tutti per la loro generosità e per l'amicizia. Che serata divertente!

L'anno scorso _____

_____

_____

_____

_____

_____

_____

CHAPTER 21
Passato Prossimo with *ESSERE*

1. Forming the *Passato Prossimo* Using *ESSERE* as a Helping Verb

a. As with *avere,* the *passato prossimo* formed with *essere* as a helping verb expresses an action that has already happened.

> EXAMPLES: Angelo **è venuto** con noi.   *Angelo came with us.*
> Io **sono nata** in Italia.   *I was born in Italy.*

b. When *essere* is the helping (auxiliary) verb, the past participle behaves as an adjective and agrees in gender and number with the subject. The endings change to reflect masculine, feminine, singular, and plural.

> EXAMPLES: Lui è andat**o** a Boston.   *He went to Boston.*
> Lei è arrivat**a** in macchina.   *She arrived by car.*
> Ugo e Carlo sono uscit**i** tardi.   *Ugo and Carol went out late.*
> Le ragazze sono partit**e** ieri.   *The girls left yesterday.*

ANDARE			
io	sono	andato, -a	*I went, I have gone*
tu (familiar)	sei	andato, a	*you went, you have gone*
lui	è	andato, -a	*he went, he has gone*
lei	è	andato, -a	*she went, she has gone*
Lei (formal)	è	andato, -a	*you went, you have gone*
noi	siamo	andati, -e	*we went, we have gone*
voi (familiar)	siete	andati, -e	*you (plural) went, you have gone*
loro	sono	andati, -e	*they went, they have gone*
Loro (formal)	sono	andati, -e	*you (plural) went, you have gone*

2. Common Verbs that Form the *Passato Prossimo* with *ESSERE* as a Helping Verb

INFINITIVES	PAST PARTICIPLE
andare *to go*	**andato**
arrivare *to arrive*	**arrivato**
costare *to cost*	**costato**
cadere *to fall*	**caduto**
diventare *to become*	**diventato**
entrare *to enter*	**entrato**
essere *to be*	**stato**
morire *to die*	**morto**
nascere *to be born*	**nato**
partire *to leave, depart*	**partito**
restare *to stay, remain*	**restato**
rimanere *to stay, remain*	**rimasto**
ritornare *to return, come back*	**ritornato**
salire *to go up, climb*	**salito**
stare *to be, stay*	**stato**
succedere *to happen*	**successo**
uscire *to go out, exit*	**uscito**
venire *to come*	**venuto**

EXERCISE A   **Che cosa manca?**   Complete each sentence with the form of the helping verb *essere*.

EXAMPLE: **Sei** sceso in ascensore tu?

1. Loro _____ nati in Italia.

2. Carmela _____ arrivata tardi stamattina.

3. Pietro e Luigi _____ partiti la settimana scorsa per l'Italia.

4. Che cosa _____ successo ieri?

5. Io _____ stata a casa tutto il giorno.

6. Tu _____ diventato un avvocato importante.

7. Voi _____ ritornati dal centro in autobus.

8. Noi _____ entrati in classe insieme.

9. Io non _____ uscito a causa della pioggia.

10. L'uomo _____ morto in un incidente d'auto.

11. Le scarpe _____ costate troppo!

12. A che ora _____ venuti alla festa voi?

13. Io _____ stato in vacanza con i nonni.

14. Lei _____ andata al ristorante con gli amici.

15. Il libro _____ caduto sul pavimento.

EXERCISE B   **Un po' di pratica!**   Conjugate each verb using all its forms.

EXAMPLE: io   **sono stato**   **sono arrivato**   **sono uscito**

	ESSERE	ARRIVARE	USCIRE
io	_____	_____	_____
tu	_____	_____	_____
lui	_____	_____	_____
lei	_____	_____	_____
Lei	_____	_____	_____
noi	_____	_____	_____
voi	_____	_____	_____
loro	_____	_____	_____
Loro	_____	_____	_____

EXERCISE C   **Il passato è passato!**   Complete each sentence in the *passato prossimo* of the verb in parentheses.

EXAMPLE: *(to last)*   Il film **è durato** due ore.

1. *(to go)*   Venerdì scorso io _____ al cinema con i miei amici.

2. *(to become)*   Marco _____ un bravo ragazzo!

3. *(to return)*   A che ora _____ a casa ieri sera voi?

4. *(to go up)*   Ieri papà _____ a riparare il tetto.

5. *(to go out)*   Io e mia sorella _____ presto per andare a scuola.

6. (*to come*)   I nonni _____ per la mia festa.

7. (*to come in*)   Voi _____ subito in aula.

8. (*to be*)   Professore, Lei _____ in Italia l'anno scorso?

9. (*to stay*)   La bambina non _____ mai a casa da sola.

10. (*to leave*)   L'autobus _____ pochi minuti fa.

3.   Irregular Past Participles Commonly Used with *ESSERE*

a. The following verbs take *essere* as the helping verb and have an irregular past participle.

essere	**stato**
morire	**morto**
nascere	**nato**
rimanere	**rimasto**
scendere	**sceso**
venire	**venuto**

b. Remember that past participles of *essere* verbs agree in gender and number with the subject.

EXAMPLES: Mia madre **è** nata in Italia.   *My mother was born in Italy.*

Mio nonno **è** nato in Italia.   *My grandfather was born in Italy.*

I miei amici **sono** nati in Italia.   *My friends were born in Italy.*

Le mie amiche **sono** nate in Italia.   *My friends were born in Italy.*

EXERCISE D   **Chiariamo i fatti!** Let's verify the information about each person. Complete each statement with the verb in parentheses.

EXAMPLE: (*to come*)   Anna **è venuta** a scuola in autobus.

1. (*to die*)   Leonardo DaVinci _____ in Francia.

2. (*to go down*)   I ragazzi _____ di corsa.

3. (*to be born*)   Mia sorella _____ il quindici gennaio.

4. (*to be*)   Io _____ a scuola presto stamattina.

5. (*to come*)   Barbara e Ivana _____ da Boston in treno.

6. (*to remain*)   La famiglia _____ a Roma una settimana.

7. (*to be born*)   Dove _____ i gemelli?

8. (*to go down*)   La ragazza _____ in ascensore.

9. (*to be*)   Noi _____ a casa tutto il giorno.

10. (*to remain*)   Le mie amiche _____ sorprese dal mio arrivo.

11. (*to leave*)   Signora, a che ora _____ da Roma?

12. (*to enter*)   Chi _____ in classe per primo?

13. (*to become*)   Le mie amiche _____ responsabili quest'anno.

14. (*to return*)   La mamma _____ presto dal lavoro ieri pomeriggio.

15. (*to cost*)   Questo Ipod _____ molto, non posso perderlo.

4. Distinguishing Between Using *AVERE* or *ESSERE* as the Helping (Auxiliary) Verb

a. Transitive verbs are those verbs that take a direct object and take *avere* as their helping verb.

EXAMPLES: Noi abbiamo parlato **italiano**.
Aldo ha ricevuto **la lettera**.
I ragazzi hanno spedito **le cartoline**.
Tu hai finito i **compiti**.

b. Intransitive verbs are those verbs that DO NOT take a direct object and take *essere* as the helping verb.

EXAMPLES: Amelia è andata a Firenze.
Noi siamo arrivati tardi.
Io sono nato il 10 marzo.

EXERCISE E   **In gruppi!**   Using the list of verbs that take *essere* in the past tense, create an acronym to help you remember these verbs, and share it with your classmates! Be creative and invent a story to accompany each verb in your acronym.

_____

_____

_____

_____

_____

_____

_____

_____

_____

_____

_____

_____

_____

_____

| EXERCISE F | **Decisioni . . . decisioni!**   Complete each sentence with the correct form of either *avere* or *essere*.

EXAMPLES: Carmen **ha** pulito la sua camera.
            Noi **siamo** stati in città.

1. Carlo e io _____ andati al cinema.

2. Elena, perchè non _____ finito i tuoi compiti?

3. Voi _____ ordinato le pizze e le bevande.

4. I miei amici _____ partiti per una vacanza all'estero.

5. Mamma _____ comprato il cibo per la cena.

6. Io _____ arrivato a scuola in anticipo.

7. L'estate scorsa loro _____ visitato i nonni in Calabria.

8. A che ora _____ usciti (voi) ieri sera?

9. L'anno scorso io _____ ricevuto buoni voti.

10. Paolo, dove _____ stato sabato scorso?

11. Roberta _____ avuto molti amici alla sua festa.

12. Il presidente americano Lincoln _____ nato in Illinois.

13. Che cosa _____ regalato alla tua famiglia per Natale (tu)?

14. Mia nonna _____ preparato una cena squisita.

15. Mio nonno _____ morto in Italia.

16. Andrea e Marina _____ ritornati a casa presto.

17. Io non _____ guardato la televisione.

18. Tu non _____ telefonato a nessuno.

19. Cesare _____ perduto le chiavi?

20. Loro _____ venduto la vecchia automobile.

EXERCISE G   **Dal presente al passato!** Change the following expressions from the present to the present perfect tense.

EXAMPLE: Lavo i piatti.   **Ho lavato** i piatti.

1. Usciamo con gli amici.   _____ con gli amici.

2. Leggo un libro.   _____ un libro.

3. Entriamo in aula.   _____ in aula.

4. Scrive una cartolina   _____ una cartolina.

5. Faccio la spesa.   _____ la spesa.

6. Giocano a calcio.   _____ a calcio.

7. Sono ammalati.   _____ ammalati.

8. Hanno il raffreddore.   _____ il raffreddore.

9. Guardano la televisione.   _____ la televisione.

10. Guidate la macchina.   _____ la macchina.

11. Bevi un caffè.   _____ un caffè.

12. Vanno in piazza.   _____ in piazza.

13. Scendo dall'autobus.   _____ dall'autobus

14. Lavoriamo tutto il giorno.   _____ tutto il giorno.

15. Ritornate insieme.   _____ insieme.

EXERCISE H   **Tocca a te!!**   How do you say the following expressions in Italian?

EXAMPLE: *They saw the game.*   **Loro hanno visto la partita.**

1. We stayed home Friday evening.   _____ .

2. I turned on the TV.   _____ .

3. She opened the door.   _____ .

4. They believed the news.   _____ .

5. All of you gave the keys to her mother.   _____ .

6. You asked the teacher for candy.   _____ .

7. It happened yesterday.   _____ .

8. He died last year.   _____ .

9. They understood everything.   _____ .

10. Did you study for the quiz?   _____ .

EXERCISE I   **Parla un po' di te!**   Answer the following questions about yourself.

EXAMPLE: Quando sei arrivato a casa?   **Io sono arrivato ieri mattina.**

1. Dove sei nato?

_____ .

2. Hai parlato con tua madre stamattina?

_____ .

3. Chi ha vinto il Superbowl l'anno scorso?

_____ .

4. A chi hai telefonato ieri sera?

_____ .

5. Con chi sei uscito/a il weekend scorso?

_____ .

6. Che cosa hai bevuto stamattina a colazione?

_____ .

7. Hai completato i compiti per oggi?

_____ .

8. Quale film hai visto ultimamente?

_____ .

9. A che ora sei arrivato a scuola stamattina?

_____ .

10. Sei stato in vacanza quest'estate? Dove?

_____ .

EXERCISE J   **La giornata di Marina.**   Marina tells us about her busy day. Using the present perfect, complete the paragraph with the verbs indicated.

Stamattina, come tutti i giorni, io _____ presto per la scuola. Appena
                                        1. (to go out)

_____ davanti alla scuola _____ i miei amici e _____
2. (to arrive)   *3. (to meet)*   *4. (to chat)*

con loro. Insieme, gli _____ alla prima lezione e tutto il giorno
                          5. (to walk)

_____ da un'aula all'altra, _____ , e _____ molte cose
6. (to go)   *7. (to study)*   *8. (to learn)*

nuove. Enrico, lo studente straniero in visita da Palermo, _____ una bella presen-
                                                              9. (to make)

tazione sulle regioni italiane e _____ con interesse. Lui ed io _____
                                  10. (to listen)   *11. (to eat)*

il pranzo insieme alla mensa. Dopo scuola, io _____ la lezione di pianoforte e poi
                                                12. (to have)

_____ a casa. Verso le cinque del pomeriggio _____ la mia amica
13. (to return)   *14. (to call)*

Viviana e lei _____ a casa mia per fare i compiti insieme. Che giornata
               15. (to come)

impegnata!

EXERCISE K   **E tu che cosa hai fatto ieri?**   Follow Marina's example and think about what you did yesterday. List ten to fifteen activities using a combination of verbs that take *avere* and *essere* as helping verbs.

EXAMPLE: Ieri a colazione ho mangiato una fetta di pane tostato.

_____

_____

_____

_____

_____

_____

_____

_____

_____

_____

_____

_____

_____

| EXERCISE L | **La mia ultima vacanza**   Remember your last vacation and write a well-developed paragraph of at least 50 words. Include where you went, when, with whom, for how long, what you saw, and what you did.

_____

_____

_____

_____

_____

_____

_____

_____

_____

Appendix

1. Verbs

a. Present and Present Perfect (*passato prossimo*) Tenses of Regular Verbs

INFINITIVE	cantare	vendere	dormire
PRESENT	canto	vendo	dormo
	canti	vendi	dormi
	canta	vende	dorme
	cantiamo	vendiamo	dormiamo
	cantate	vendete	dormite
	cantano	vendono	dormono
PRESENT PERFECT	ho cantato	ho venduto	ho dormito
	hai cantato	hai venduto	hai dormito
	ha cantato	ha venduto	ha dormito
	abbiamo cantato	abbiamo venduto	abbiamo dormito
	avete cantato	avete venduto	avete dormito
	hanno cantato	hanno venduto	hanno dormito

b. Present Tense of Irregular Verbs

INFINITIVE	essere	avere	andare
PRESENT	sono	ho	vado
	sei	hai	vai
	è	ha	va
	siamo	abbiamo	andiamo
	siete	avete	andate
	sono	hanno	vanno

INFINITIVE	fare	bere	dire
PRESENT	faccio	bevo	dico
	fai	bevi	dici
	fa	beve	dice
	facciamo	beviamo	diciamo
	fate	bevete	dite
	fanno	bevono	dicono

INFINITIVE	stare	dare	sapere
PRESENT	sto	do	so
	stai	dai	sai
	sta	da	sa
	stiamo	diamo	sappiamo
	state	date	sapete
	stanno	danno	sanno

INFINITIVE	dovere	potere	volere
PRESENT	devo	posso	voglio
	devi	puoi	vuoi
	deve	può	vuole
	dobbiamo	possiamo	vogliamo
	dovete	potete	volete
	devono	possono	vogliono

INFINITIVE	venire	uscire
PRESENT	vengo	esco
	vieni	esci
	viene	esce
	veniamo	usciamo
	venite	uscite
	vengono	escono

c. Present Perfect (*passato prossimo*)

TRANSITIVE VERB	INTRANSITIVE VERB
studiare	partire
ho studiato	sono partito, -a
hai studiato	sei partito, -a
ha studiato	è partito, -a
abbiamo studiato	siamo partiti, -e
avete studiato	siete partiti, -e
hanno studiato	sono partiti, -e

NOTE: When using *essere* the past participle agrees in gender and number with the subject.

d. Irregular Past Participles

aprire **aperto**	morire* **morto**
bere **bevuto**	nascere* **nato**
chiedere **chiesto**	prendere **preso**
chiudere **chiuso**	offrire **offerto**
conoscere **conosciuto**	rimanere* **rimasto**
coprire **coperto**	rispondere **risposto**
correggere **corretto**	rompere **rotto**
correre **corso**	scendere* **sceso**
decidere **deciso**	scrivere **scritto**
dire **detto**	soffrire **sofferto**
essere* **stato**	spendere **speso**
fare **fatto**	succedere* **successo**
leggere **letto**	venire* **venuto**
mettere **messo**	vincere **vinto**

*Indicates intransitive verbs conjugated with the auxiliary
  verb *essere*.

NOTE: *Vedere* and *perdere* have two participles: a regular and
an irregular form.

vedere **veduto   visto**   perdere **perduto   perso**

2.   Punctuation

Italian punctuation is very similar to English. There are few differences.

a. Commas are not used before *e, o,* and *nè* in a series.

Studio l'italiano, l'inglese e la matematica.	*I study Italian, English, and math.*
Non mangia nè carne nè pesce.	*She does not eat either meat or fish.*

b. In numbers, Italian uses a period where English uses a comma and a comma (decimal point) where English uses a period.

2.300 duemilatrecento	*2,300*	*two thousand three hundred*
12,50 dodici e cinquanta	*12.50*	*twelve point fifty*

c. Capitalization is seldom used in Italian. Only the beginning of a sentence and proper nouns are capitalized. Languages, religions, nationalities, days of the week, and months of the year are not capitalized.

L'Italia è una nazione europea.	*Italy is a European nation.*
Thanksgiving è l'ultimo giovedì di novembre.	*Thanksgiving is the last Thursday of November.*

3. Syllabication

In general, in Italian a syllable begins with a consonant and ends with a vowel.

a. A single consonant between two vowels belongs to the following vowel.

i-ta-lia-no   a-go-sto   a-mi-co   le-zio-ne

b. Double consonants are always divided.

bas-so   sil-la-ba   mam-ma   ric-co

c. A combination of two different consonants goes with the following vowel unless the first consonant is *l, m, n* or *r*. In this case the two consonants are divided.

si-gno-re   so-pra   pre-sto   li-bro
but
col-to   par-to   ban-co

d. In three consonant combinations, the first belongs to the preceding syllable, but *s* always belongs to the following syllable.

sem-pre   al-tro   in-gle-se   con-tro
but
pa-le-stra   fi-ne-stra

e. Unstressed *i* and *u* stay together with the vowel with which they are combined.

uo-vo   Gian-na   pia-no   pie-de
but
mi-o   pie-na   zi-a   pa-u-ra

4. Pronunciation

Italian is a phonetic language, most consonants and vowels have only one sound.

a. Italian words are usually stressed on the next to the last syllable.

si-gn**o**-ra   bam-b**i**-no   ra-g**az**-zo   sen-t**i**-re

b. Exceptions to the above are stressed on the third from the last syllable.

be-**nis**-si-mo   a-bi-to   ge-ne-ro   pe-**ni**-so-la

c. Words stressed on the last syllable have a written accent on the last vowel.

caf-**fè**   cit-**tà**   at-ti-vi-**tà**   co-**sì**

d. Double consonants are common in Italian. The sound of a double consonant is longer than a single consonant. To pronounce it properly, you must shorten the preceding vowel and hold the double consonant longer than a single consonant.

casa   papa   giovani   pala
cassa   pappa   Giovanni   palla

Italian-English Vocabulary

This Italian-English Vocabulary is intended to be complete for the context of this book.

Nouns are listed mainly in the singular. A few are listed in the plural because of their most common use. Regular feminine forms of nouns are indicated by **(-a)**. Regular feminine forms of adjectives are indicated by **-a**.

ABBREVIATIONS

adj.	adjective	*m.*	masculine
f.	feminine	*pl.*	plural
inf.	infinitive	*sing.*	singular

a causa di because
abbastanza enough
abitare *inf.* to live
accanto a next to
acqua *f.* water
addormentarsi *inf.* to fall asleep
aereo *m.* airplane
afoso, -a muggy
africano, -a African
agenda *f.* diary, notebook
agosto *m.* August
aiutare *inf.* to help
alcuni *pl.* some
alto, -a tall
altro, -a other
alunno(-a) student
alzare *inf.* to raise
amare *inf.* to love
americano, -a American
amicizia *f.* friendship
amico(-a) friend
amore *m.* love
anatra *f.* duck
anche also
ancora not yet, still
andare *inf.* to go
anno *m.* year
antipatico, -a unpleasant, disagreeable
aperitivo *m.* appetizer
appena as soon as
aprile *m.* April

aprire *inf.* to open
arancia *f.* orange
aranciata *f.* orange drink
arco *m.* arch
arpa *f.* harp
arrivare *inf.* to arrive
arrivederci I'll see you later
arrostito, -a roasted
arte *f.* art
ascensore *m.* elevator
ascoltare *inf.* to listen
aspettare *inf.* to wait for
attenzione *f.* attention
aula *f.* classroom
aula magna *f.* auditorium
avere *inf.* to have
avvocato *m., f.* lawyer

bacio *m.* kiss
baffi *pl.* moustache
ballare *inf.* to dance
bambino(-a) child, baby
bambola *f.* doll
banco *m.* student's desk
bandiera *f.* flag
barca *f.* boat
basilico *m.* basil
basso, -a short (in height)
bello, -a beautiful
bene well
bibita drink
bicchiere *m.* glass
bicicletta *f.* bicycle

biglietto *m.* ticket
binario *m.* train track
biscotto *m.* cookie
borsa *f.* purse
bravo, -a good
brutto, -a ugly
buco *m.* hole
bugia *f.* lie
buono, -a good
burro *m.* butter

cadere *inf.* to fall
caffè *m.* coffee, coffeeshop
calcio *m.* soccer
calcolatrice *f.* calculator
caldo *m., f.* heat, hot
calendario *m.* calendar
calza *f.* sock
camera *f.* room
camicia *f.* shirt
camminare *inf.* to walk
campana *f.* bell
campanella *f.* school bell
canadese Canadian
cancellare *inf.* to erase
cancellino *m.* eraser
cane *m.* dog
cantare *inf.* to sing
canzone *f.* song
capello *m.* hair
capire *inf.* to understand
capitale *f.* capital
cappello *m.* hat

cappotto *m.* coat
capra *f.* goat
capriccio *m.* tantrum
caramella *f.* candy
carino, -a cute
caro, -a expensive, dear
carta geografica *f.* map
cartella *f.* schoolbag
cartolina *f.* postcard
casa *f.* house
casetta *f.* cottage
catacombe *f. pl.* catacombs
cattedra *f.* teacher's desk
cattivo, -a bad
celebrare *inf.* to celebrate
cellulare *m.* cellular phone
cena *f.* supper
centro commerciale
  m. mall
centro *m.* downtown
cercare *inf.* to look for
certo certain, true
cestino *m.* wastebasket
che cosa what
chi who
chiacchierare *inf.* to chat,
  gossip
chiacchiere *f. pl.* chat,
  gossip
chiamare *inf.* to call
chiave *f.* key
chiedere *inf.* to ask
chiesa *f.* church
chitarra *f.* guitar
chiudere *inf.* to close
cibo *m.* food
cinese *adj.* Chinese
cingomma *f.* chewing gum
cintura di sicurezza *f.* seat
  belt
cioccolata *f.* chocolate
città *f.* city
classe *f.* class
colazione *f.* breakfast,
  snack
collega *m., f.* colleague
collina *f.* hill
colorato, -a colored
colpo di telefono *m.*
  a telephone ring

come as, like, how
cominciare *inf.* to begin
compagno(-a) classmate
compere purchase
compito *m.* homework
compleanno *m.* birthday
complicato, -a complicated
comprare *inf.* to buy
comprensivo, -a
  understanding
concerto *m.* concert
confusione *f.* confusion
conoscere *inf.* to know
  (a person)
contento, -a happy
conto *m.* bill, check
coprire *inf.* to cover
coro *m.* chorus
correre *inf.* to run
corto, -a short (in length)
costare *inf.* to cost
costruire *inf.* to build
cotto, -a cooked
credere *inf.* to believe
crescere *inf.* to grow
croccantini *m. pl.*
  crackers
cucina *f.* cuisine
cucinare *inf.* to cook
cugino(-a) cousin

dado *m.* cube
danza *f.* dance
dare *inf.* to give
davanti in front of
delizioso, -a delicious
dente *m.* tooth
dentro in, inside
desiderare *inf.* to wish,
  to desire
destra *f.* right
di solito usually
dicembre *m.* December
dietro behind
difficile *adj.* difficult
diga *f.* dam
dire *inf.* to say
direzione *f.* direction,
  main office
discoteca *f.* night club

disegnare *inf.* to design,
  draw
disturbare *inf.* to disturb,
  bother
divano *m.* sofa, couch
diventare *inf.* to become
divertente *adj.* fun
divertirsi *inf.* to enjoy
  oneself
dizionario *m.* dictionary
doccia *f.* shower
dollaro *m.* dollar
domanda *f.* question
domandare *inf.* to ask
domani tomorrow
domenica *f.* Sunday
donna *f.* woman
dopo after
dormire *inf.* to sleep
dottore *m.* doctor
dove where
dovere *inf.* to have to,
  must
dritto, -a straight
durante during
durare *inf.* to last (time)

economico, -a inexpensive
edicola *f.* newsstand
elegante *adj.* elegant
energia *f.* energy
entrare *inf.* to enter,
  to come in
erba *f.* grass
erbetta *f.* herb
eroe *m.* hero
espressione expression
essere *inf.* to be
estate *f.* summer
eterno, -a eternal
europeo, -a European

fa ago
facile *adj.* easy
fame *f.* hunger
famiglia *f.* family
fare *inf.* to do
favore *m.* favor
febbraio *m.* February
felice *adj.* happy

felpa *f.* sweatshirt
fermata *f.* stop
festa *f.* party, holiday
festeggiare *inf.* to celebrate
fettina *f.* slice
figlia daughter
figlio son
fila *f.* line
finestra *f.* window
finire *inf.* to finish
fiore *m.* flower
foglio *m.* sheet (of paper)
folla *f.* crowd
formaggio *m.* cheese
forse maybe
forte *adj.* strong
forza *f.* force
foto *f.* photograph
fra within
fragola *f.* strawberry
francese *adj.* French
fratello brother
freddo *m. & adj.* cold
fresco, -a cool, fresh
frutta *f.* fruit
fungo *m.* mushroom
funzionare *inf.* to function, work
fuori outside, out
futuro *m.* future

gamba *f.* leg
gelato *m.* ice cream
generosità *f.* generosity
genitore *m.* parent
gennaio *m.* January
gentile *adj.* kind
gesso *m.* chalk
gettare *inf.* to throw
giacca *f.* jacket
giapponese *adj.* Japanese
giardino *m.* garden
giocare *inf.* to play (an activity or sport)
giornata *f.* day (all day long)
giorno *m.* day
giovane *adj.* young
giovedì *m.* Thursday
giro *m.* ride

gita *f.* field trip
giugno *m.* June
godere *inf.* to enjoy
gola *f.* throat
gonna *f.* skirt
gradino *m.* step
grande *adj.* big
grattugiato, -a grated
greco, -a Greek
grigio, -a gray
guardare *inf.* to look, watch
guarire *inf.* to heal
guidare *inf.* to drive

ieri yesterday
imparare *inf.* to learn
impegno *m.* commitment
impiegato(-a) employee
incidente *m.* accident
incontrare *inf.* to meet
indiano, -a Indian
indietro back
indirizzo *m.* address
inglese *adj.* English
ingrediente *m.* ingredient
insalata *f.* salad
insegnare *inf.* to teach
insieme together
interessante *adj.* interesting
invece instead
invitare *inf.* to invite
invitato(-a) guest
invito *m.* invitation
irlandese *adj.* Irish
irresponsabile *adj.* irresponsible
italiano, -a Italian

latte *m.* milk
lavagna *f.* blackboard
lavare *inf.* to wash
lavorare *inf.* to work
leggere *inf.* to read
letteratura *f.* literature
letto *m.* bed
lettura *f.* reading
lezione *f.* lesson
libero, -a free, available

libro *m.* book
liceo *m.* high school
lingua straniera *f.* foreign language
locale *adj.* local
Londra London
lontano, -a far
luglio *m.* July
lunedì *m.* Monday
lungo, -a long

macchia *f.* spot
macchina *f.* car
madre mother
maga *f.* sorceress
maggio *m.* May
maglia *f.* sweater
maglietta *f.* T-shirt
mai never
mal di. . . ache
mamma mom
mangiare *inf.* to eat
mano *f.* hand
marciapiede *m.* sidewalk
mare *m.* sea
marito husband
martedì *m.* Tuesday
marzo *m.* March
matematica *f.* math
matita *f.* pencil
mattina *f.* morning
meglio better
mela *f.* apple
mensa *f.* cafeteria
mentre while
meraviglia *f.* marvel
mercato *m.* market
mercoledì *m.* Wednesday
mese *m.* month
messicano, -a Mexican
metropolitana *f.* subway
mettere *inf.* to put, place
mezzanotte *f.* midnight
migliore *adj.* best
minuto *m.* minute
mite *adj.* mild
mitico, -a mythical
molto very, many
moneta *f.* coin
montagna *f.* mountain

monumento *m.* monument
morire *inf.* to die
motorino *m.* scooter
musica *f.* music

nascere *inf.* to be born
nè . . . nè neither . . . nor, either . . . or
nebbia *f.* fog
negozio *m.* store
nessuno no one, nobody, anyone, anybody
neve *f.* snow
nevicare *inf.* to snow
niente nothing, anything
noioso, -a boring
nonna grandmother
notizia *f.* news
novembre *m.* November
numeroso, -a numerous
nuotare *inf.* to swim
nuovo, -a new
nuvoloso, -a cloudy

obbedire *inf.* to obey
occasione *f.* occasion
occhio *m.* eye
occupato, -a occupied, busy
oceano *m.* ocean
offrire *inf.* to offer
oggi today
ogni each, every
olio *m.* oil
oliva *f.* olive
operazione *f.* operation
ora *f.* hour
orario *m.* schedule
orecchio *m.* ear
orologio *m.* watch, clock
ospite *m.* guest
ottimo, -a excellent
ottobre *m.* October

pacco *m.* package
padre father
paese *m.* town
pagare *inf.* to pay
pagina *f.* page
pallavolo *f.* volleyball

panca *f.* bench
pane *m.* bread
panna *f.* cream
pantaloni *m. pl.* pants
papà dad
parcheggiare *inf.* to park
parcheggio *m.* parking lot
parco *m.* park
parecchi, -e *pl.* several
parente *m., f.* family relative
parete *f.* wall
parlare *inf.* to speak, to talk
parola *f.* word
partire *inf.* to leave, depart
partita *f.* game
passaggio *m.* ride
passeggiare *inf.* to stroll
patente di guida *f.* driver's license
paura *f.* fear, afraid
pavimento *m.* floor
pazienza *f.* patience
penna *f.* pen
pennarello *m.* color marker
pensare *inf.* to think
peperone *m.* pepper
per for, in order to
perchè why, because
perdere *inf.* to lose
pesca *f.* peach
pescare *inf.* to fish
piangere *inf.* to cry
piano *m.* floor (level)
piano *adj.* slow
piazza *f.* square
piccolo, -a small
piede *m.* foot
pioggia *f.* rain
piovere *inf.* to rain
piscina *f.* pool
più more
poco a little bit, few
polacco, -a Polish
pollo *m.* chicken
pomeriggio *m.* afternoon
pomodoro *m.* tomato
porta *f.* door

portafoglio *m.* wallet
portare *inf.* to bring, to carry
porzione *f.* portion
posteggio *m.* parking space
potere *inf.* to be able to, can
povero, -a poor
pranzare *inf.* to dine
pranzo *m.* dinner
praticare *inf.* to practice
preferire *inf.* to prefer
preferito, -a preferred
premio *m.* prize
prendere *inf.* to take
preparare *inf.* to prepare
preside *m., f.* school principal
presidente *m., f.* president
presto early, soon
prezzemolo *m.* parsley
prima before, first
prodotto *m.* product
professore *m.* teacher
profumato, -a fragrant
pronto, -a ready
prosciutto *m.* Italian ham
pulire *inf.* to clean
pulito, -a clean
punire *inf.* to punish

quaderno *m.* notebook
qualche some, a few
qualcosa something
qualcuno someone
quale which
qualsiasi *pl.* any
qualunque *sing.* any
quando when
quanti, -e *pl.* how many
quanto, -a *sing.* how much
quello, -a that
questo this
qui here

ragazza girl
ragione right, reason
recentemente lately, recently

regalare *inf.* to give
regalo *m.* gift
regola *f.* rule
responsabile *adj.* responsible
restare *inf.* to stay, remain
restituire *inf.* to give back
retrovisivo, -a rear-view
riccio, -a curly
ricco, -a rich
ricevere *inf.* to receive
rigato, -a lined, stripped
rimanere *inf.* to stay, remain
rinfresco *m.* refreshment
ringraziare *inf.* to thank
riparare *inf.* to repair
riposare *inf.* to rest, relax
rispondere *inf.* to answer
ristorante *m.* restaurant
ritardo *m.* delay, late
ritornare *inf.* to return
riuscire *inf.* to succeed
rivista *f.* magazine
robusto, -a sturdy
rosa *adj.* pink
rosso, -a red
rotondo, -a round
rotto, -a broken

sabato *m.* Saturday
sala da pranzo *f.* dining room
salire *inf.* to go up, climb
salotto *m.* living room
salutare *inf.* to greet
saluto *m.* greeting
sandalo *m.* sandal
sapere *inf.* to know (facts)
scale *f. pl.* stairs
scambiare *inf.* to exchange
scarpa *f.* shoe
scatola *f.* box
scelta *f.* choice
scendere *inf.* to descend, go down
schermo *m.* screen
schiena *f.* back
sciare *inf.* to ski
scienze *f. sing.* science

scolastico, -a *adj.* school
scomodo, -a uncomfortable
scoprire *inf.* to discover
scorso, -a last, past
scrivere *inf.* to write
scuola *f.* school
scuro, -a dark
sdossato, -a pitted
sedere *inf.* to seat
sedia *f.* chair
segretaria *f.* secretary
segreto *m.* secret
seguire *inf.* to follow
semplice *adj.* simple
sempre always
sentire *inf.* to hear
sera *f.* evening
sereno, -a calm
servire *inf.* to serve
sete *f.* thirst
settembre *m.* September
settimana *f.* week
severo, -a strict
simile *adj.* similar
simpatico, -a nice
sinistra *f.* left
slavo, -a Slavic
sodo, -a solid, hard boiled
soffrire *inf.* to suffer
soldi *m. pl.* money
sole *m.* sun
sopra above, on top of
sorella sister
sotto under, below
spagnolo, -a Spanish
sparecchiare *inf.* to clear the table
specchio *m.* mirror
specialità *f.* specialty
spedire *inf.* to send, mail
sperare *inf.* to hope
spesa *f.* shopping
spesso often
spiaggia *f.* beach
spicchio *m.* section, sliver
spiegare *inf.* to explain
spinaci *m. pl.* spinach
sporco, -a dirty
sportello *m.* car door

spumante *m.* sparkling wine
squadra *f.* team
squisito, -a delicious
stadio *m.* stadium
stagione *f.* season
stanco, -a tired
stanza *f.* room
stare *inf.* to be, stay
stasera tonight
Stati Uniti United States
stazione *f.* station
stilista *m., f.* fashion designer
stivale *m.* boot
stomaco *m.* stomach
strada *f.* street, road
straniero, -a foreign
striscetta *f.* slice, sliver, strip
strumento *m.* instrument
studente *m.* student
studiare *inf.* to study
stupendo, -a marvelous
subito quickly
succedere *inf.* to happen
sudamericano, -a South American
suggerire *inf.* to suggest
sugo *m.* sauce
suonare *inf.* to play (an instrument)
supermercato *m.* supermarket
svegliarsi *inf.* to wake up
svizzero, -a Swiss
svogliato, -a negligent

tagliato, -a cut
tardi late
tavolo *m.* table
teatro *m.* theater
telefonino *m.* cellular telephone
telegiornale *m.* TV news
televisivo *adj.* television
temere *inf.* to fear
tempesta *f.* storm
tempo *m.* time, weather

tenere *inf.* to keep
testa *f.* head
tetto *m.* roof
topo *m.* mouse
tornare *inf.* to return,
  come back
torta *f.* cake
torto *m.* wrong
tranquillo, -a tranquil,
  peaceful
trattoria *f.* informal
  restaurant
treno *m.* train
triste *adj.* sad
troppo too much, too
  many
turista *m., f.* tourist
tutti *pl.* everyone
tutto *sing.* everything

ubbidire *inf.* to obey
ultimamente lately

uomo man
uovo *m.* egg
urtare *inf.* to hit
usare *inf.* to use
uscire *inf.* to go out, exit
utile *adj.* useful

vacanza *f.* vacation
valigia *f.* suitcase
vaniglia *f.* vanilla
varietà *f.* variety
vecchio, -a old
vedere *inf.* to see
vendere *inf.* to sell
venerdì *m.* Friday
venire *inf.* to come
vento *m.* wind
verdura *f.* vegetable
verità *f.* truth
vero, -a true
vestire *inf.* to dress, wear
vestito *m.* dress, suit

viaggiare *inf.* to travel
vicino, -a near
vicino(-a) neighbor
vigile *m.* traffic cop
vincere *inf.* to win
viola purple
virtù *f.* virtue
visita *f.* visit
visitare *inf.* to visit
vista *f.* view
vita *f.* life
voce *f.* voice
voglia *f.* desire, wish
volere *inf.* to want
volta *f.* time (sequence,
  i.e., once, twice)
voto *m.* grade

zaino *m.* backpack
zia *f.* aunt
zoccolo *m.* clog
  (shoe)